»unbekannt verzogen« oder »weggemacht«

Barbara Händler-Lachmann
Ulrich Schütt

»unbekannt verzogen«
oder »weggemacht«

Schicksale der Juden im alten Landkreis Marburg
1933–1945

HITZEROTH

Die Abbildung auf dem Umschlag zeigt die Kennkarte von Frieda Rapp/Kirchhain.

Dieses Buch entstand im Rahmen der Arbeit der *Geschichtswerkstatt Marburg e. V.*
Die Drucklegung wurde gefördert durch den Landkreis Marburg-Biedenkopf.

Die Deutsche Bibliothek – CIP Einheitsaufnahme

Händler-Lachmann, Barbara:
»unbekannt verzogen« oder »weggemacht« : Schicksale der Juden im
alten Landkreis Marburg 1933–1945 / Barbara Händler-Lachmann und
Ulrich Schütt. [Dieses Buch entstand im Rahmen der Arbeit der Marburger
Geschichtswerkstatt e.V.]. – Marburg : Hitzeroth, 1992
ISBN 3-89398-080-6
NE: Schütt, Ulrich:

Umschlaggestaltung: Gerhard Exel
Satz und Lithographie: Harald Händler
Herstellung: J. A. Koch, Marburg
ISBN 3-89398-080-6

Geleitwort

Dieses ist ein notwendiges Buch. Es hilft, ein Ziel der nationalsozialistischen Judenpolitik zu vereiteln. Denn neben der physischen Ausrottung sollten auch die Spuren, die Namen der Opfer verwischt werden. Dem entgegenzuwirken, ist es vielleicht allerletzte Zeit, zuviel Jahrzehnte lassen Erinnerungen verblassen.

Die Autoren haben die Einzelschicksale der jüdischen Bewohner des alten Kreises Marburg - ohne die damals kreisfreie Stadt - dargestellt. Ich halte es für unerläßlich, daß durch diese Untersuchung der örtliche Bezug wieder klar wird, der allzu leicht verloren geht, wenn die Wissenschaft die staatlich geplante, gelenkte und vollzogene Vernichtungspolitik gegenüber der jüdischen Minderheit behandelt. Es genügt nicht, anhand der verallgemeinernden Begriffe aus der Verwaltungswelt, der Organisationsstrukturen und der Abläufe im staatlichen Machtapparat die Handlungsweise des Bösen darzustellen.

Mit diesem Buch erhalten die Opfer wieder ihre Namen, ihre Gesichter. Nicht mehr anoyme Mitglieder eines Kollektivs, sondern Personen mit Anschrift, Beruf, Familienverwandtschaften treten uns gegenüber.

Als mir der Plan für diese Arbeit vorgestellt wurde, habe ich es für selbstverständlich gehalten, daß der Kreis Marburg-Biedenkopf die Untersuchung und die Veröffentlichung ermöglichen hilft.

Das Andenken an die Vertriebenen und die Ermordeten gebietet es. Wir dürfen aber auch nicht die Augen vor der Tatsache schließen, daß die Administration des Vorgängerkreises Marburg und der damaligen Gemeinden den verwaltungsmäßigen Vollzug nach besten Kräften durchführten und damit schuldig geworden sind. Die gängige Redensart, die nationalsozialistischen Verbrechen seien in unserem Namen verübt worden, vernebelt die Wahrheit. Von unserer - damals nicht demokratisch gewählten oder kontrollierten - Verwaltung wurde die systematische Ausrottung vorbereitet; von staatlichen deutschen Stellen wurden die Untaten begangen.

Dr. Kurt Kliem
Landrat

Vorwort

Das vorliegende Gedenkbuch hat die Aufgabe, an die Bewohner jüdischen Glaubens oder jüdischer Herkunft zu erinnern, die während der Zeit des Nationalsozialismus im alten Landkreis Marburg gelebt haben. Wer heute Zeitzeugen über die Schicksale der früheren jüdischen Einwohner befragt, hört mitunter immer noch, daß sie "weggemacht" seien. Die ehemaligen Nachbarn sind aber nicht "weggemacht" oder "unbekannt verzogen", ihre Spuren verlieren sich nicht einfach irgendwo. Sie wurden vertrieben und viele von ihnen in Konzentrationslagern ermordet. Bis heute noch wird vielfach auf diese Verbrechen mit hilflosem Schweigen, Nicht-wissenwollen und Verdrängen reagiert.

Die Schicksale der vergessenen jüdischen Nachbarn, das Unrecht, das ihnen angetan wurde, sind Gegenstand dieses Buches. Es bezieht sich auf die ehemaligen Landkreise Marburg und Kirchhain, die 1932 zusammengeschlossen worden waren. Die Stadt Marburg selbst gehört als kreisfreie Stadt nicht dazu; ihr ist ein besonderer Band dieser Reihe gewidmet, in dem ein Großteil der 1933 dort lebenden Juden mit Namen und Schicksalen beschrieben ist.

Im hier vorgelegten Gedenkbuch werden die Lebenswege der jüdischen Bewohner in Einzelbiographien dargestellt. Es wurde versucht, soweit wie möglich die Orts- und Familienzusammengehörigkeit zu dokumentieren, wie sie auch früher in den Dörfern wahrgenommen wurden. In einer großen Zahl der Fälle sind die Stationen ihres Lebens rekonstruierbar. Die Darstellung vermeidet bewußt eine durchgängig alphabetische Namensliste mit Geburts- und Sterbedatum - solche Listen hat es in der NS-Zeit zur Genüge

gegeben. Mit lebensgeschichtlichen Angaben versehen, ist jeder Person ein eigener Kurzartikel gewidmet, der, wenn immer dies möglich war, durch ein Bild ergänzt wurde. Es ist ein wichtiges Anliegen dieses Buches, den verfolgten Juden nicht nur ihre Namen, sondern auch ihre Gesichter wiederzugeben.

Die hier vorgelegte Arbeit kann nicht den Anspruch auf Vollständigkeit erheben; zu viel Wissen ist während der Jahrzehnte des Verschweigens verlorengegangen, Jahrzehnte, in denen es versäumt wurde, Zeitzeugen zu befragen und Dokumente zu sichern. Jetzt, etwa fünfzig Jahre nach den Verbrechen, ist es höchste Zeit dafür, denn fast alle, die sich noch an sie erinnern können, sind heute in hohem Alter. Wenn es nur noch die Akten der Täterbürokratie als Quelle für die historische Rekonstruktion geben wird und keine breite mündliche Überlieferung mehr zur Verfügung steht, wird es sehr schwierig sein, in angemessener Form die Regionalgeschichte jener Zeit zu schreiben.

Ein wesentlicher Teil der dieser Arbeit zugrundeliegenden Dokumentation geht auf Kontakte mit jüdischen Zeitzeugen zurück. Ihnen verdanken wir viele Informationen, viele lebendige Schilderungen über das untergegangene jüdische Leben im Landkreis. Wenn aber ganze Familien ermordet worden sind, kann kein Verwandter mehr berichten. Wer in fremde Länder vertrieben wurde, ist schwerlich als Zeitzeuge zu befragen. Diejenigen aber, die trotz allem Kontakte zum Landkreis Marburg bewahrt haben, die hin und wieder Freunde und Bekannte hier besuchen, sind umso wichtigere Informanten. Ihr Bemühen, das Schicksal ihrer eigenen Familien und ihrer jüdischen

Nachbarn zu erforschen, war auch Ansporn, dieses Gedenkbuch zu erstellen. Vielleicht trägt das Buch auch dazu bei, daß sich andere ihrer ehemaligen jüdischen Nachbarn wieder erinnern.

Der Hauptteil der Arbeit besteht aus den Kurzbiographien der früheren jüdischen Bürger des alten Landkreises Marburg. Die zeitgeschichtlichen Hintergründe, die Arbeit mit den heute noch zugänglichen Quellen und der Aufbau des Gedenkbuchs werden in der hier gebotenen Kürze in der Einleitung beschrieben. Hier finden sich auch Informationen über die Deportationen und deren Zielorte. Städtenamen wie Riga, Lublin und Theresienstadt sind so eng, so grausam mit den Schicksalen der Juden des Landkreises verbunden, daß - wenn schon eine Nachzeichnung des weiteren Schicksals im einzelnen nicht möglich ist - wenigstens eine Skizze dieser Ghettos unerläßlich erschien.

Entstanden ist dieses Gedenkbuch im Rahmen eines Projekts zur Erforschung der Geschichte der jüdischen Bevölkerung im alten Landkreis Marburg in diesem Jahrhundert, das die Geschichtswerkstatt Marburg e.V. mit finanzieller Förderung des Landkreises Marburg-Biedenkopf durchführt. Die hierbei entstandenen Interviews mit jüdischen und nichtjüdischen Zeitzeugen, sowie die Durchsicht der zugänglichen Aktenbestände in Archiven und Ämtern und der Literatur erbrachten so viel Material auch zu Einzelpersonen, daß es schließlich nicht mehr praktikabel erschien, all dies in einer thematisch gegliederten Mono-

graphie zu präsentieren. So entstand der Entschluß zu diesem Gedenkbuch.

Die Motivation, die ein Projekt dieser Art mit all seinen Schwierigkeiten und Engpässen erfordert, ist nicht zuletzt dem Rückhalt und der Unterstützung von vielen Seiten zu danken. An erster Stelle gilt unser Dank den jüdischen Zeitzeugen, die uns ihr Schicksal und das ihrer Angehörigen, Nachbarn und Freunde schilderten. Einige von ihnen haben auch Teile dieser Arbeit kritisch geprüft. Desgleichen sei allen Bürgern des Landkreises gedankt, die uns mit Auskünften und ihrer Bereitschaft zu Interviews geholfen haben. Ferner haben die jüdische Gemeinde Marburg, die Gesellschaft für christlich-jüdische Zusammenarbeit, das Hessische Justizministerium, die Behörden in den einzelnen Orten sowie Gruppen und Einzelpersonen, die sich mit der jüdischen Geschichte beschäftigen, wesentlichen Anteil am Zustandekommen dieser Arbeit. Dank gebührt auch den Mitgliedern der Geschichtswerkstatt Marburg e.V. für Mitarbeit, Diskussionen und Anregungen, sowie dem Staatsarchiv Marburg, dem Hauptstaatsarchiv Wiesbaden und der Gedenkstätte Breitenau für die freundliche Unterstützung dieses Projekts. Ganz besonders aber sei Dr. Kurt Kliem, dem Landrat des Landkreises Marburg-Biedenkopf, gedankt, der das Projekt nicht nur angeregt und finanziell gefördert, sondern auch mit großem Interesse begleitet hat.

Barbara Händler-Lachmann
Ulrich Schütt

8

Inhalt

Einleitung

Zu den historischen Hintergründen

Der Personenkreis, dessen Schicksal der Gegenstand dieses Buches ist, läßt sich nicht immer problemlos mithilfe des Begriffes *Juden* umgrenzen. Zwar hatten sich auf dem Lande die traditionellen Strukturen, d.h. die enge Bindung an die religiöse Gemeinde, noch weitgehend erhalten, aber auch hier gab es Personen, die sich nicht mehr der jüdischen Religionsgemeinschaft zurechneten. Von der 'Rassegesetzgebung' der Nationalsozialisten waren auch Personen betroffen, die weder nach eigenem, noch nach fremdem Verständnis Juden waren. In die hier vorgelegte Arbeit wurden alle die Personen aufgenommen, die im Zuge der nationalsozialistischen 'Rassepolitik' als Juden verfolgt waren. Nicht genannt wurden Nachkommen aus Ehen zwischen Personen jüdischer und nichtjüdischer Herkunft, die noch im Landkreis wohnen. Deshalb sind hier auch nur 29 der 30 Orte, in denen Bewohner jüdischen Glaubens oder Herkunft lebten, genannt.

Jüdische Bewohner sind im Raum Marburg bereits im 13. Jahrhundert erwähnt.[1] Ob sie hier seitdem kontinuierlich gelebt haben, oder ob die Pogrome der Pestjahre 1348/49 und die Ausweisungsverfügungen der hessischen Landgrafen von 1524 und 1622 sie zu einem vollständigen Verlassen dieser Region gezwungen haben, ist nicht zu klären. Sicher läßt sich dagegen die Existenz vieler jüdischer Familien in den Dörfern bis ins 18. Jahrhundert zurückverfolgen.[2] Sie waren ein Teil des dörflichen Lebens, auch wenn sie nicht gleichberechtigt dazugehörten.

Da ihnen Landwirtschaft und Handwerk als Erwerbszweige bis ins 19. Jahrhundert grundsätzlich versperrt waren, konzentrierte sich die jüdische Bevölkerung hauptsächlich auf Handel und Gewerbe; ein hoher Prozentsatz der jüdischen Dorfbewohner betrieb Viehhandel. Mit der Industrialisierung und der damit einhergehenden Verstärkung der gesellschaftlichen Arbeitsteilung gewannen Handel und Gewerbe an Bedeutung. Viele Juden zogen in zentralere Orte, um ihre Berufe besser ausüben zu können. Die Mitgliederzahlen der jüdischen Gemeinden in den Dörfern stagnierten, während die Gemeinden in Kirchhain, Marburg und Neustadt seit Mitte des 19. Jahrhunderts rapide wuchsen.[3]

1933 haben im alten Landkreis Marburg[4] ca. 850 Menschen jüdischen Glaubens in dreißig Orten gelebt. In der Regel hatten sie den größten Teil ihres Lebens in diesen Dörfern gewohnt. Viele Männer hatten genauso wie die nichtjüdischen Ortseinwohner im Ersten Weltkrieg an der Front gekämpft; eine Tatsache, die ihnen sehr wichtig war und in vielen Gesprächen betont wurde.[5] Sie waren Deutsche jüdischer Religion; in ein anderes Land mit einer fremden Sprache zu ziehen, erschien ihnen schwer vorstellbar. Doch spätestens nach dem Novemberpogrom 1938, der sogenannten 'Reichskristallnacht', als im Landkreis Marburg - wie überall im Reichsgebiet - viele jüdische Männer von der Polizei verhaftet und die meisten von ihnen im Konzentrationslager Buchenwald gefangengehalten wurden,[6] wurde immer klarer, daß die Flucht aus Deutschland der einzige Ausweg war. Einreise- und Aufenthaltsgenehmigungen für fremde Länder zu erhalten, gestaltete sich aber zunehmend komplizierter und aussichtsloser. Diejenigen, die nicht fliehen konnten, wurden seit 1941 in einzelnen Dörfern des Landkreises zusammengepfercht. Die meisten Dörfer waren nun 'judenfrei'. Aus einem Schreiben des Landrats an die Gestapo Kassel: "Die in den beiden Gemeinden Schweinsberg und Mardorf wohnenden Judenfamilien habe ich, um eine bessere Kontrolle über die Juden ausüben zu können, mit den Juden in R-Holzhausen zusammen untergebracht, sodass die Gemeinden Schweinsberg und Mardorf jetzt auch judenfrei sind." [7]

Die ghettoisierte jüdische Bevölkerung, die jetzt noch im Landkreis lebte, wurde deportiert. Am 8. Dezember 1941 brachte der erste Transport 84 Juden ins Ghetto Riga. Der zweite Transport von 35 Juden erfolgte am 31. Mai 1941 ins Ghetto Lublin. Die letzten 36 wurden am 6. September 1942 ins Ghetto Theresienstadt verbracht.[8] Über einhundert Menschen, die nach 1933 aus dem Landkreis weggezogen waren, sind von anderen Orten aus deportiert worden. Viele ältere Menschen mußten nach Frankfurt in ein jüdisches Altersheim ziehen; über dreißig aus dem Landkreis stammende Juden sind von dort aus deportiert worden.[9]

Die folgende Tabelle läßt den Untergang der jüdischen Bevölkerung im alten Landkreis Marburg erkennen. Sie enthält die rekonstruierbaren jüdischen Bevölkerungszahlen und beruht im wesentlichen auf Dokumenten des Staatsarchivs Marburg.[10]

Anfang	1933	850	Pers. in 30 Orten	
Juli	1934	788	Pers. in 30 Orten	
Ende	1935	746	Pers. in 30 Orten	
11. Juni	1936	649	Pers.	
1. Oktober	1937	520	Pers. in 27 Orten	(ohne Niederklein)
1. Juli	1938	446	Pers. in 25 Orten	
1. November	1938	388	Pers.	(vor dem Pogrom)
1. Juli	1939	296	Pers.	(vor Kriegsbeginn)
1. Oktober	1939	253	Pers. in 23 Orten	
1. Januar	1940	238	Pers.	
1. April	1940	214	Pers.	
1. Juli	1940	206	Pers.	
1. Oktober	1940	194	Pers.	
1. Januar	1941	173	Pers. in 20 Orten	
1. April	1941	162	Pers. in 20 Orten	
1. Juli	1941	154	Pers. in 17 Orten	
1. Oktober	1941	142	Pers. in 16 Orten	(vor der 1. Deportation)
1. Januar	1942	75	Pers. in 14 Orten	
1. April	1942	68	Pers. in 13 Orten	(vor der 2. Deportation)
1. Juni	1942	37	Pers.	(vor der 3. Deportation)
nach dem 6. Sept.	1942	3	Pers.	

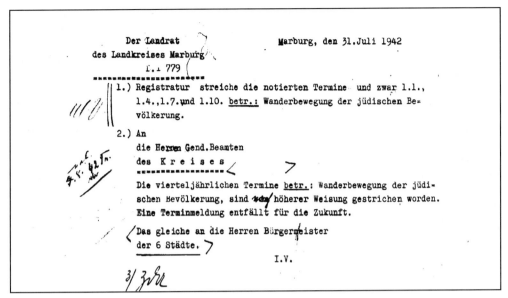

Anweisung des Landrates, die Erfassung der jüdischen Bevölkerung einzustellen; die bevorstehende dritte Deportation machte dies gegenstandslos. StAM, Bestand 180 Landratsamt Marburg, Nr. 4822.

Da der Deportationsort, in den die Juden aus dem alten Landkreis verschleppt wurden, in den meisten Fällen der letzte bekannte Aufenthaltsort ist, scheint es angemessen, die zeitgeschichtliche Situation der Ghettos Riga, Lublin und Theresienstadt etwas näher zu skizzieren.

Als die Deutschen am 1. Juli 1940 in der lettischen Hauptstadt Riga einmarschierten, hatte die dortige jüdische Gemeinde etwa 60000 Mitglieder. Direkt nach dem Einmarsch begannen deutsche Einsatzgruppen, wahllos jüdische Bewohner zu ermorden. Am 1. August 1941 wurde in der *Moskauer Vorstadt*, einem Arbeiterviertel von Riga, das sich östlich an die Altstadt anschloß, das Ghetto errichtet. Ein Großteil der lettischen Juden wurde in ihm zusammengetrieben.[11] Am 25. Oktober 1941 waren dort 33000 Menschen eingeschlossen. Um Platz für die erwarteten Deportationen von Juden aus dem Deutschen Reich zu schaffen, wurden am 27. November und am 8. Dezember 1941 mindestens 27000 lettische Juden erschossen. Als der Kasseler Transport, zu dem auch die Juden aus dem Landkreis Marburg gehörten, wenige Tage später dort eintraf, waren überall noch die Spuren der vorherigen Ghettobewohner und ihrer Ermordung zu sehen. Die jüdische Bevölkerung lebte nach Herkunftsorten getrennt in bestimmten Bezirken. Das Leben der Bewohner hing in starkem Maße von ihrer 'Verwendbarkeit' zur Arbeit ab, aber oft auch von Zufällen. Häufig wurden Juden wegen geringster 'Vergehen' auf der Stelle erschossen. Darüberhinaus war Riga, wie andere Ghettos auch, eine Durchgangsstation in die Konzentrationslager und in Außenkommandos. Nach zwei Jahren wurde das Ghetto aufgelöst.[12]

Über das Ghetto Lublin und die Deportation aus dem Landkreis Marburg gibt es kaum Informationen. Bekannt ist, daß

13

das Ghetto direkt nach dem Einmarsch der deutschen Truppen errichtet wurde.[13] Wahrscheinlich ist ein Großteil der mit dem nordhessischen Transport gebrachten Juden von dort in das am Stadtrand gelegene Vernichtungslager Majdanek transportiert worden, das ursprünglich als Kriegsgefangenenlager der Waffen-SS errichtet worden war. Viele der dort ankommenden Häftlinge wurden sofort ermordet, wenige überlebten die ersten Monate. Im Frühjahr 1944 wurde das Konzentrationslager wegen des Heranrückens sowjetischer Truppen evakuiert. Die Häftlinge wurden in die Konzentrationslager Groß-Rosen, Ravensbrück und Natzweiler transportiert. Von Überlebenden der Deportation aus dem Landkreis Marburg ins Ghetto Lublin ist nichts bekannt.[14]

Das Ghetto Theresienstadt wurde am 24. November 1941 in der ehemaligen Garnisonstadt Theresienstadt/Terezín nördlich von Prag errichtet. Um die deutschen Juden unterzubringen, wurde die alte Festungsstadt von der tschechischen Bevölkerung vollständig geräumt. Die Stadt unterstand ab dem 27. Juni 1942 allein der Ghettoverwaltung.
Noch auf der *Wannsee-Konferenz*, auf der den Spitzen der obersten Reichsbehörden übermittelt wurde, daß die in den besetzten Gebieten im Osten schon praktizierte Massenvernichtung von Juden nun auf alle besetzten Gebieten ausgedehnt werden solle, wurde bestimmt, "[deutsche] Juden im Alter von über 65 Jahren nicht zu evakuieren", d.h. in Arbeits- und Vernichtungslager zu deportieren.[15] Diese - insbesondere im Ersten Weltkrieg dekorierte jüdische Soldaten sowie deren Familien - sollten im Ghetto Theresien-

stadt als sogenanntem "Musterlager" aufgenommen werden.[16] Obwohl diese Planung intern schon wieder verworfen war, wurden die zur Verschleierung des Transportzweckes entworfenen Formalitäten beibehalten. Nachzuweisen sind sogenannte 'Heimkaufverträge', die den Juden vortäuschen sollten, daß sie einen Platz im Altersheim erworben hätten. Tatsächlich wurden rund 87000 - das sind etwa 57 Prozent - der hier zusammengedrängt lebenden Juden in die Vernichtungslager transportiert. Die SS-Lagerleitung legte die Anzahl der zu Ermordenden fest. Die Auswahl der Personen, also letztlich die Entscheidung über Leben und Tod des Einzelnen, mußte - wie in anderen Ghettos auch - von der jüdischen 'Selbstverwaltung' getroffen werden.[17] Im Ghetto selbst sind etwa 35000 Lagerinsassen - das sind 23 Prozent - umgekommen. Die höchste Belegungszahl hatte die Ghettostadt am 18. September 1942 mit 58491 Männern, Frauen und Kindern.[18] Nach Theresienstadt ging der dritte und letzte Transport von Juden aus dem Landkreis Marburg. Nur wenige Juden, die in 'privilegierter Mischehe' lebten, blieben davon verschont.
Die jüdische Bevölkerungsgruppe, die im alten Landkreis Marburg gelebt hatte, existiert nicht mehr. Heute wohnen noch zwei Personen, die den Holocaust überlebten, in der Region. Wenige sind nach Ende des Dritten Reiches aus den Konzentrationslagern in ihre alte Heimat zurückgekehrt, von wo die meisten von ihnen 1945/46 wieder ausgewandert sind. Ein Weiterleben hier war angesichts der Ermordung und Vertreibung ihrer Verwandten und der Zerstörung ihrer Glaubensgemeinden nicht vorstellbar.

Zu den Quellen

Wichtigste Grundlage dieses Gedenkbuches sind Akten und Dokumente der nationalsozialistischen Bürokratie. Der Quellenbestand für den Landkreis Marburg ist - im Gegensatz zur Situation für die Stadt Marburg - relativ umfangreich; ein Großteil der Juden betreffenden Akten ist erhalten. Sie beziehen sich allerdings fast ausschließlich auf die Jahre ab 1936. Für die Jahre davor gibt es nur lückenhaftes Quellenmaterial.

Da aufgrund einer Verfügung des Landratsamts sämtliche Meldekarteien jüdischer Personen aus den Melderegistern zu entfernen waren, stand keine zentrale Kartei zur Verfügung.[19] Es mußte deshalb weitgehend auf Listen und Änderungsmeldungen der einzelnen Orte zurückgegriffen werden; diese weisen allerdings erhebliche Lücken und Widersprüche auf. Die sich widersprechenden Angaben wurden sorgfältig in ihrer Aussagekraft und Glaubwürdigkeit abgewogen. Eine eindeutige Klärung ließ sich jedoch nicht immer erreichen. Um die Lesbarkeit nicht zu stark zu behindern, wurde in der Regel auf die Nennung widersprüchlicher Informationen verzichtet. Für Ergänzungen und Korrekturen wären wir dankbar, denn die Arbeit an dem Thema ist trotz der Drucklegung nicht beendet; das Archiv der Geschichtswerkstatt, das Basis weiterer Arbeiten sein kann, und eine mögliche Neuauflage dieses Buches könnten von weiteren Informationen erheblich profitieren.

Die Quellenlage ist entscheidend geprägt durch die Art und Weise, wie die nationalsozialistische Bürokratie die Verfolgung der Juden verwaltete. Während in der Anfangsphase die Erfassung der jüdischen Bürger hauptsächlich durch die NSDAP und ihre Organisationen erfolgte - und zwar zunächst eher sporadisch -, wurde allmählich die gesamte staatliche Verwaltung auf die Erfassung und Diskriminierung jüdischer Bürger eingerichtet. Dies geschah akribisch mit großem Aufwand, umfangreichen Schriftwechseln und genauen Listen. Alle Informationen wurden systematisch gesammelt und bearbeitet. Welche vorbereitende Funktion diese verwaltungstechnische Maßnahme hatte, wird erst vor dem Hintergrund des Holocausts deutlich.[20]

Im Landkreis begann die systematische Erfassung am 11.7.1933 mit der Aufforderung seitens der Gestapo in Berlin, Material über Juden und Logen zu sammeln.[21] Ihr Interesse konzentrierte sich anfangs auf öffentlich herausragende Persönlichkeiten und Organisationen. Listen der jüdischen Bewohner sind 1933 nur in einzelnen Ausnahmefällen erstellt worden. Im Februar 1934 forderte die Kreispropagandaleitung der NSDAP in Marburg das Landratsamt auf, eine statistische Erhebung der jüdischen Bevölkerung durchzuführen: Von den 127 Orten im Landkreis hatten 30 einen jüdischen Bevölkerungsanteil. Insgesamt lebten nach dieser Aufstellung 788 Juden, darunter 230 Kinder unter 14 Jahren, im Landkreis. Es gab fünf 'Mischehen' mit insgesamt acht Kindern.[22]

Ab Sommer 1934 waren sämtliche unangemeldeten jüdischen Versammlungen aufzulösen und sämtliche jüdischen Organisationen zu erfassen.[23] Seit August 1935 mußten auch Zu- und Abgänge in jüdischen Vereinen an das Landratsamt gemeldet werden.[24] Ende 1935 wurde die erste namentliche Liste aller jüdischen Bewohner des Landkreises erstellt. Von nun an waren alle Veränderungen vierteljährlich unaufgefordert nachzureichen. Gendarmen und Bürgermeister meldeten unabhängig voneinander jede Veränderung, was teilweise zu Widersprüchen in den Listen führte. Um das Fortschreiben von Fehlern zu verhindern, wurden in unregelmäßigen Abständen die Gemeinden aufgefordert, vollständig neue Listen zu erstellen. Diese dienten nicht nur als Grundlage für die Verhaftungen beim Novemberpogrom 1938, sondern auch für die Durchführung der Deportationen 1941/42. In den Listen der letzten Gesamterfassung im Jahre 1941 findet sich hinter jedem Namen das Deportationsdatum. Wie stark die Beamten angewiesen waren, die Deportationen zu verschleiern, wird aus den Eintragungen in den Kennkartenunterlagen deutlich. Bei der Deportation in das Ghetto Riga wird die Formulierung *nach dem Osten abgeschoben*, bei der in das Ghetto Lublin *unbekannt verzogen* und bei der dritten, der in das Ghetto Theresienstadt, *ausgewandert* verwendet.[25] Im Gegensatz dazu stehen die Eintragungen auf den Meldekarten der aus Marburg deportierten Sinti. Hier finden sich bei der Angabe des Deportationsziels Formulierungen wie *ins Konzentrationslager Auschwitz*.[26]

Auch heute noch finden sich im Staatsarchiv Marburg die Dokumente zu den Deportationen nicht unter *Juden unter nationalsozialistischer Herrschaft*, sondern - entsprechend der damaligen Ordnungskriterien - in dem Abschnitt *Fremdenpolizei*, und zwar als Bestand *Juden und Emigranten 1934-1943*.[27]

Aufbau des Gedenkbuches

Hauptordnungskriterium sind die einzelnen Orte, in denen nach 1933 jüdische Bewohner gelebt haben. Darauf folgt die Familienzugehörigkeit. Einzelpersonen ohne bekannte Adresse oder Personen, bei denen die Familienbeziehung unbekannt bzw. unklar ist, finden sich am Ende des jeweiligen Ortskapitels. Den Familien sind die alten Hausnummern und - soweit bekannt - die heutigen Adressen zugeordnet. Ebenso wie ihre christlichen Nachbarn wurden die jüdischen Familien nicht mit ihren Nachnamen, sondern mit - teilweise seit Generationen gebräuchlichen - Rufnamen (Hausnamen) angeredet; diese folgen den amtlichen Familiennamen in Klammern. Die Darstellung der einzelnen Familienchroniken geht nach Generationen vor. Später Zugezogene - z.B. Schwiegereltern - folgen normalerweise am Ende.

Die Kurzbiographien der Personen umfassen zunächst die folgenden Kategorien: Name, Vornamen, Geburtsname, Geburtsdatum, Geburtsort, Verwandtschaftsbeziehungen, Ehepartner, Beruf, Ehrenämter, Meldedaten, Todesdatum. Sie beinhalten zusätzliche Informationen, die die besonderen Situation der Juden in der Zeit der Verfolgung widerspiegeln. Soweit dies für eine Person bekannt ist, wird berichtet über: Verhaftung und Haft; Auswanderungsdatum und Ziel der Auswanderung; Deportation; Ort und Zeit der Ermordung.

Der Ehepartner wird im allgemeinen nur bei einem der beiden Eheleute genannt, da sie hintereinander aufgeführt werden. Existierte von den Ehepartnern keine gemeinsame Adresse, z.B. weil sie erst kurz vor der Auswanderung bzw. Deportation geheiratet haben oder weil sie keine Zuzugsgenehmigung in den Ort des Ehepartners erhalten haben, so sind sie mit entsprechendem Verweis an der eigenen Adresse (z.B. bei der eigenen Familie) genannt. Ist der verstorbene Ehepartner nicht genannt, wurde Witwe, bzw. Witwer ergänzt.

Der angegeben Beruf ist in der Regel derjenige, der bis Mitte der dreißiger Jahre ausgeübt worden ist. Danach war kaum noch ein geregeltes Berufsleben mehr möglich. Für eine kurze Übergangszeit fanden einige noch eine Anstellung bei Glaubensgenossen oder konnten noch ein kleines ambulantes Gewerbe ausüben, aber spätestens seit Inkrafttreten der *Verordnung zur Ausschaltung der Juden aus dem deutschen Wirtschaftsleben* vom 1. Januar 1939 war eine selbstbestimmte wirtschaftliche Tätigkeit nicht mehr möglich. Mit Beginn des Krieges wurden Juden zur Zwangsarbeit herangezogen. Berufsangaben aus dieser Zeit, wie z.B. *Erdarbeiter*, wurden weggelassen.

Jede Person ist in dem Ort des Landkreises genannt, in dem sie 1933 gelebt hat. Zugezogene wurden in den Orten nur dann genannt, wenn sie mindestens ein halbes Jahr dort gemeldet waren. Durch Umzüge innerhalb des Landkreises sind einige Personen, bzw. Familien in verschiedenen Orten aufgeführt. Diese Mehrfachnennungen sind durch Verweise auf die anderen Orte gekennzeichnet. In den Fällen, in denen die Formulierung *vor 1936 weggezogen* benutzt wird, ist unklar, ob die betreffende Person 1933 noch in dem Ort gelebt hat, da es zu diesem Zeitpunkt keine namentliche Erfassung gab. Adressen in Orten außerhalb des Landkreises werden nur genannt, wenn es sich um ein jüdisches Altersheim oder z.B. eine psychiatrische Anstalt handelte. Die polizeilichen Abmeldungen der Kinder, die ein auswärtiges jüdisches Internat besuchten, sind meist weggelassen worden. Mit dem Wort *umgesiedelt* wird der erzwungene Umzug zu Familien in andere Ortschaften bezeichnet, wie er 1941/42 durchgeführt worden ist.

Aus Meldeakten lassen sich Verhaftungen und Haftzeiten nicht rekonstruieren, da die betreffenden Personen während ihrer Haftperiode weiterhin im Ort gemeldet waren. Zum Novemberpogrom 1938 fehlen die Verhaftungslisten und die Daten der Freilassung aus dem Konzentrationslager Buchenwald und anderen Lagern. Die Verhafteten sind nur in Einzelfällen bekannt, z.B. dann, wenn sich in amtlichen Unterlagen Korrespondenzen finden. 1940 bis 1942 sind auch Juden Wochen oder Monate im Lager Breitenau bei Guxhagen inhaftiert worden; Verhaftungsgründe waren u.a. 'zu enger Kontakt zu deutschen Volksgenossen'. Es gibt Gründe für die Annahme, daß in den letzten Jahren vor den Deportationen erheblich mehr Juden inhaftiert waren, als bisher bekannt ist. Um einen falschen Eindruck über den Umfang der Verhaftungen zu vermeiden, wird auf eine Angabe zu diesem Punkt normalerweise verzichtet. Nur wenn die Haft in engem Zusammenhang mit dem Tod der Person steht, wird sie hier erwähnt.

Was die Auswanderung betrifft, enthalten die Meldelisten häufig nur das Abmeldedatum, das aber meist mit dem Abreisetag nicht übereinstimmt. Es wird hier nur das Fluchtland und nicht der dort anvisierte Ort angegeben, da dieser häufig nicht zu ermitteln war. Auf das weitere Schicksal der Emigrierten - auch wenn es in Einzelfällen bekannt ist - wird hier nicht eingegangen. Die jahrelangen und schließlich gescheiterten Auswanderungsbemühungen werden hier nicht geschildert, da dies den Rahmen dieser Arbeit gesprengt hätte.

Zur Deportation ermöglichen die amtlichen Quellen in den meisten Fällen die Angabe des Zeitpunkts und des Zielorts. Sie erfolgte in der Regel zunächst in Ghettos, meist als Lager eingerichtete Stadtbezirke. Viele Deportierte sind schon in Ghettos gestorben bzw. ermordet worden, viele sind von dort in andere Konzentrations- und Vernichtungslager transportiert worden. Häufig sind Datum und Ort des Todes von Deportierten nicht zu ermitteln. Im Gedenkbuch des Bundesarchivs Koblenz werden in solchen Fällen Formulierungen wie *unbekannt verschollen* und *für tot erklärt* verwendet; in diesem Gedenkbuch werden auf Anraten des hessischen Landesrabbiners Chaim Lipschitz Umschreibungen wie *Umstände und Ort der Ermordung sind nicht bekannt* verwendet.

Wann immer dies möglich war, sind den Kurzbiographien Fotos beigegeben. Die Aufnahmen sind meist Ende 1938 oder Anfang 1939 entstanden; ab dem 1. Januar 1939 wurde die allgemeine Kennkartenpflicht für Juden eingeführt. Diese in bedrückender Situation aufgenommenen Bilder sind oft die einzigen bildlichen Zeugnisse. An den kurzgeschorenen Haaren der Männer läßt sich häufig erkennen, daß die Aufnahmen kurz nach der Entlassung aus dem Konzentrationslager Buchenwald entstanden sind. In den wenigen Fällen, in denen auf andere Photographien zurückgegriffen werden konnte, wird dies im Text erwähnt.

Anmerkungen

1) Quellen zur Geschichte der Juden im Hessischen Staatsarchiv Marburg 1267 - 1600, Band 1, bearbeitet von Uta Löwenstein, hrsg. von der Kommission für die Geschichte der Juden in Hessen, 3 Bde., Wiesbaden 1989.

2) Zur Geschichte der jüdischen Bevölkerung in einzelnen Orten sind einige kleinere Arbeiten erschienen, aber eine übergreifende Darstellung zur Geschichte der Juden in dieser Region fehlt bisher ebenso wie eine Schilderung ihrer Verfolgung in der Zeit des Nationalsozialismus. Einen Anfang machten Günther Rehme und Konstantin Haase: "...mit Rumpf und Stumpf ausrotten..." Zur Geschichte der Juden in Marburg und Umgebung nach 1933, Marburg 1982. Eine umfangreiche, bisher nicht veröffentlichte Arbeit hat Dankward Sieburg für Neustadt verfaßt. Wir danken ihm auch an dieser Stelle sehr herzlich, daß er uns seine Materialien zur Verfügung stellte.

3) Marburg: 1861 - 74 Pers., 1905 - 512 Pers. Barbara Händler-Lachmann/ Thomas Werther: Vergessene Geschäfte - verlorene Geschichte. Das jüdische Wirtschaftsleben in Marburg und seine Vernichtung im Nationalsozialismus, Marburg 1992, S. 23.

Kirchhain: 1861 - 49 Pers., 1895 - 134 Pers., 1910 - 219 Pers. Kurt Schubert: Juden in Kirchhain. Geschichte der Gemeinde und ihres Friedhofes, Wiesbaden 1987, S. 12.

Neustadt: 1861 - 90 Pers., 1895 - 134 Pers., 1905 - 130 Pers. Paul Arnsberg: Die jüdischen Gemeinden in Hessen, 2 Bde., Frankfurt 1971, Bd. 2, S. 124.

4) Das Gedenkbuch bezieht sich auf die 1932 zusammengeschlossenen Landkreise Marburg und Kirchhain. Marburg selbst gehörte als kreisfreie Stadt nicht dazu, sondern war und ist organisatorisch selbständig. Einige der in der Untersuchung aufgeführten Orte gehören allerdings seit der Gebietsreform von 1974, mit der der Landkreis Marburg auch mit dem Landkreis Biedenkopf vereinigt wurde, zur Stadt Marburg. Der alte Landkreis Marburg schloß auch den Ort Nordeck mit ein, der heute zum Landkreis Gießen gehört.

5) Demnächst erscheint von den Verfassern dieses Buch eine weitere Publikation mit dem Titel *Purim, Purim, ihr liebe Leut ..., Jüdisches Leben im alten Landkreis Marburg*, das ein detailreiches Bild vom Leben der Juden im alten Landkreis zeichnet.

6) Einige wurden im Landjahrlager in Kirchhain gefangengehalten. StAM, Bestand 180 Landratsamt Marburg, Nr. 4827.

7) Schreiben des Landrates vom 3.8.1942 an die Geheime Staatspolizei, Staatspolizeistelle Kassel. StAM, Bestand 180 Landratsamt Marburg, Nr. 4830.

8) StAM, Bestand 180 Landratsamt Marburg, Nr. 3593 u. Nr. 4830. Nach eigenen Recherchen umfaßte die erste Deportation 89 Personen, die zweite 34 Personen und die dritte 39 Personen.

9) Diamant, Adolf (Hrsg.): Deportationsbuch der aus Frankfurt am Main gewaltsam verschickten Juden in den Jahren 1941 - 1944, Frankfurt 1984.

10) Eigene Zusammenstellung aus verschiedenen Quellen: StAM, Bestand 180 Landratsamt Marburg Nr. 3593, 4173, 4176, 4177, 4822 und 4823. StAM, Bestand 165 Regierungspräsident Kassel, Nr. 3863. Die Differenzen in den Zahlen Ende 1941 bis 1942 zu den Deportationszahlen, erklären sich durch Zuzüge, Wegzüge und Todesfälle. Die drei nach der letzten Deportation am 6.9.1942 noch im Landkreis lebenden Personen jüdischen Glaubens bzw. jüdischer Herkunft waren mit christlichen Ehepartnern verheiratet. 'Halbjuden' sind in dieser Ausstellung nicht aufgeführt; vgl. hierzu: StAM, Bestand 180 Landratsamt Marburg, Nr. 4173.

11) Blohm, Franek: Die Moskauer Vorstadt in Riga, in: Die Tageszeitung vom 12. 11. 1990. Hilberg, Raul: Die Vernichtung der europäischen Juden, 3 Bde., Frankfurt 1990, Bd. 2, S. 305ff.

12) Prinz, Wolfgang: Die Judenverfolgung in Kassel, Fuldabrück 1987, S. 210-213. Siehe auch den Augenzeugenbericht von Hans Baermann, der mit dem Transport Kölner Juden am 8.12.1941 ins Ghetto Riga gebracht worden ist. Abgedruckt in: Kogon, Eugen: Der SS-Staat. Das System der deutschen Konzentrationslager, Frankfurt a.M. 1961, S. 222f. Siehe ferner Jürgen Ernst Kroeger (Dolmetscher der Nachrichtenabteilung des SS-Sicherheitsdienstes von Riga): So war es. Ein Bericht., Michelstadt/-Odenwald 1989. In Kürze erscheint in der Reihe "Dokumente - Texte - Materialien" des Zentrums für Antisemitismusforschung in Berlin von Bernhard Press, einem lettischen Juden: Judenmord in Lettland, Berlin 1992.

13) Weinmann, Martin (Hrsg.): Das nationalsozialistische Lagersystem (CCP), Frankfurt 1990, S. 687. Der letzte Beleg für die Existenz des Ghettos Lublin stammt vom Oktober 1942. Marzalek, Józef: Majdanek. Konzentrationlager Lublin, Warszawa 1984, S. 67. Nach Marzalek wurde das Ghetto am 9. Oktober 1942 aufgelöst. Hilberg a.a.O. S. 514. Hilberg gibt an, daß es im April 1942 geräumt wurde.

14) Prinz a.a.O., S. 213. Gedenkbuch für die jüdischen Einwohner unter der Herrschaft des Nationalsozialismus im heutigen Gebiet der Bundesrepublik Deutschland und in Berlin, Koblenz 1986, S. 1767.

15) Nürnberg-Dok. NG-2586, abgedruckt u.a. in: Anatomie des SS-Staates, Gutachten des Instituts für Zeitgeschichte, 2 Bde., München 1967, S. 323f.

16) Wannsee-Protokoll, zitiert nach: Adler, H. G.: Theresienstadt, 1941-1945. Antlitz einer Zwangsgemeinschaft, Tübingen 1955, S. 23.

17) Die Problematik der jüdischen 'Selbstverwaltung' in den Ghettos ist am Beispiel des Ghettos Lodz beschrieben in: Diner, Dan: Jenseits des Vorstellbaren - der "Judenrat" als Situation, in: "Unser einziger Weg ist Arbeit" Das Getto Lodz 1940 - 1944. Katalog zu einer Ausstellung des Jüdischen Museums Frankfurt, Frankfurt 1990, S. 32-40.

18) Prinz, a.a.O., S. 213f. Gedenkbuch der Bundesrepublik, a.a.O., S. 1772f.

19) Verfügung vom 2.2.1938; StAM, Bestand 180 Landratsamt Marburg, Nr. 4176. Dies ist auch eine Erklärung für die fehlerhafte und unvollständige Beantwortung von Anfragen der hessischen Ministerien beim Landkreis nach 1945, wie auch der von Paul Arnsberg in den sechziger Jahren.

20) "Ohne die Erfassungs- und Sortiermaschinerie des Statistischen Reichsamtes, ohne die systematische Arbeit der Meldebehörden und der dort beschäftigten Karteiführer und vor allem -führerinnen würden sich viele Fragen der Judenvernichtung anders stellen: Der geringe Widerstand der Opfer selbst läßt sich durch die Hermetik des bürokratisch genauen Zugriffs ebenso erklären wie die Ungerührtheit der "arischen", später aber auch polnischen Nachbarn und Arbeitskollegen. Es war die Reibungslosigkeit des Ablaufs selbst, die es relativ wenigen Menschen ermöglichte, unter der stillschweigenden Billigung vieler anderer eine perfekte, aber in ihrem Ablauf durchaus empfindliche und leicht zu störende Tötungsmaschinerie zu entwickeln und über Jahre in Gang zu halten." Götz Aly: Die restlose Erfassung im Nationalsozialismus, in: Volkszählungsboykott. Bilder, Plakate, Flugschriften. Katalog zu einer Ausstellung in Kassel, Kassel 1987, S. 12. Vgl. hierzu auch: Götz Aly / Karl Heinz Roth: Die restlose Erfassung. Volkszählen, Identifizieren, Aussondern im Nationalsozialismus, Berlin 1984.

21) StAM, Bestand 180 Landratsamt Marburg, Nr. 4823.

22) Schreiben des Landrats vom 12. März 1934. Ebenda.

23) Ebenda.

24) StAM, Bestand 180 Landratsamt Marburg, Nr. 4828.

25) Wolfgang Prinz macht für Kassel eine ähnliche Beobachtung: "Beim ersten Transport wurde 'Riga' eingetragen, der zweite Transport wurde durch 'unbekannt' verschleiert und bei der Deportation nach Theresienstadt vermerkten die Beamten lapidar 'abgewandert'." Prinz, a.a.O., S. 210.

26) Eigene Recherchen im Marburger Einwohnermeldeamt.

27) StAM, Bestand 180 Landratsamt Marburg, Nr. 3593.

Schicksale der Juden im alten Landkreis Marburg

- Kurzbiographien -

Familie Buxbaum, Haus Nr. 160 *(Hauptstraße)*

Gottfried Buxbaum wurde am 10.6.1900 in Allendorf geboren. Er war verheiratet mit Hedwig Plaut. Von Beruf war er Viehhändler. Am 29.3.1938 wanderte Gottfried Buxbaum in die USA aus.

Hedwig Buxbaum, geborene Plaut, wurde in Rauschenberg am 13.11.1905 geboren. Sie wanderte am 29.3.1938 in die USA aus.

Horst Buxbaum wurde als Sohn von Hedwig und Gottfried am 5.6.1928 in Marburg geboren. Er wanderte am 29.3.1938 mit seinen Eltern in die USA aus.

Renate Buxbaum wurde am 24. Dezember1932 in Allendorf als Tochter von Hedwig und Gottfried geboren. Am 29.3.1938 wanderte sie mit ihren Eltern in die USA aus.

Albert Buxbaum, Bruder von Gottfried. Er war von Beruf Kaufmann. 1936 wanderte er nach Südamerika aus.

Familie Buxbaum (Isrolls), Haus Nr. 190 *(Hauptstraße)*

Israel Buxbaum I wurde am 5.6.1877 in Allendorf geboren. Er war Ehemann von Josefine Kallheim. Israel Buxbaum handelte mit Vieh. Mitte 1941 wurde er nach Wohra umgesiedelt und am 8.12.1941 von

dort ins Ghetto Riga deportiert. Umstände und Ort seiner Ermordung sind unbekannt.

Josefine Buxbaum, geborene Kallheim, wurde am 21.3.1884 in Westerburg gebo-

Israel Buxbaum I.
Kennkartenfoto um 1939.

Josefine Buxbaum.
Kennkartenfoto um 1939.

ren. Mitte 1941 wurde sie nach Wohra umgesiedelt. Von dort deportierte man sie am 8.12.1941 ins Ghetto Riga, wo sich ihre Spur verliert. Umstände und Ort ihrer Ermordung sind nicht bekannt.

Ilse Buxbaum, verheiratete Meyer, wurde am 17.4.1913 als Tochter von Josefine und Israel geboren. Sie ist um das Jahr 1934 ausgewandert.

Hedwig Kallheim wurde am 29.1.1886 in Westerburg geboren. Vermutlich ist sie die Schwester von Josefine. Am 15.8.1938 zog sie zur Familie Buxbaum. Wahrscheinlich ist sie mit ihnen nach Wohra umgesiedelt worden. Von Wohra wurde sie am 8.12.1941 ins Ghetto Riga 'abgeschoben'. Hedwig Kallheim kehrte nicht wieder zurück. Umstände und Ort ihrer Ermordung sind nicht bekannt.

Hedwig Kallheim.
Kennkartenfoto um 1939.

Familie Buxbaum (Isrolls), Haus Nr. 263 *(Emsdorferstraße)*

Israel Buxbaum II wurde am 7.5.1889 in Allendorf geboren. Er war der Ehemann von Ella Katz. Israel Buxbaum betrieb Viehhandel, und er war Metzger. 1928 bis 1938 wirkte er im Vorstand der jüdischen Gemeinde und übte auch das Amt des Rechnungsführers aus. Am 26.9.1938 wanderte Israel Buxbaum in die USA aus.

Ella Buxbaum, geborene Katz, wurde am 30.7.1895 in Wehrheim geboren. Sie wanderte am 26.9.1938 in die USA aus.

Hans (Harry) Buxbaum wurde als Sohn von Ella und Israel am 26.1.1923 in Allendorf geboren. Mit seinen Eltern wanderte er am 26.9.1938 in die USA aus.

Israel Buxbaum II.
Paßfoto von 1938.

*Ella Buxbaum
Paßfoto von 1938.*

*Hans (Harry) Buxbaum.
Paßfoto von 1938.*

Herbert Buxbaum wurde am 3.5.1927 in Marburg als Sohn von Ella und Israel geboren. Er ist am 26.9.1938 mit seinen Eltern in die USA ausgewandert.

Lieselotte Buxbaum wurde am 31.12.1931 in Allendorf als Tochter von Ella und Israel geboren. Als Sechsjährige ist sie am 26.9.1938 mit ihren Eltern in die USA ausgewandert.

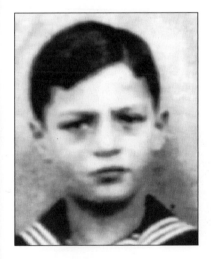

*Herbert Buxbaum.
Paßfoto von 1938.*

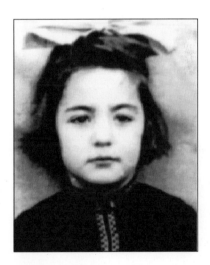

*Lieselotte Buxbaum.
Paßfoto von 1938.*

Familie Buxbaum, Haus Nr. 158

Siegmund Buxbaum wurde am 5.8.1881 in Allendorf geboren. Er heiratete Johanna Katz. Von Beruf war er Viehhändler. Von Allendorf wurde Siegmund Buxbaum Mitte 1941 mit seiner Familie nach Wohra umgesiedelt. Von dort verschleppte man ihn am 8.12.1941 ins Ghetto Riga, wo sich seine Spur verliert. Umstände und Ort seiner Ermordung sind nicht bekannt.

Johanna Buxbaum, geborene Katz, wurde am 13.8.1891 in Niederweidbach geboren. Mitte 1941 wurde sie mit ihrem Mann nach Wohra umgesiedelt. Von dort wurde sie am 8.12.1941 ins Ghetto Riga deportiert. Johanna Buxbaum kehrte nicht wieder zurück. Umstände und Ort ihrer Ermordung sind nicht bekannt.

Ruth Buxbaum wurde am 28.12.1921 in Allendorf als Tochter von Johanna und Siegmund geboren. Als 16jährige wanderte sie am 12.12.1938 in die USA aus.

Helga Bertha Buxbaum wurde als Tochter von Johanna und Siegmund am 23.7.1924 in Allendorf geboren. Seit Oktober 1939 besuchte sie eine jüdische Schule in Frankfurt. Zusammen mit ihren Eltern wurde sie am 8.12.1941 von Wohra ins Ghetto Riga verschleppt, wo sich ihre Spur verliert. Umstände und Ort ihrer Ermordung sind nicht bekannt.

Lina Buxbaum wurde am 13. Juni 1879 in Allendorf geboren. Sie ist eine Schwester von Siegmund. Wie er wurde sie Mitte 1941 zwangsweise nach Wohra umgesiedelt, von wo man sie am 8.12.1941 ins Ghetto Riga deportierte. Lina Buxbaum kehrte nicht zurück. Umstände und Ort ihrer Ermordung sind nicht bekannt.

Siegmund Buxbaum.
Kennkartenfoto um 1939.

Johanna Buxbaum.
Kennkartenfoto um 1939.

Helga Bertha Buxbaum.
Kennkartenfoto um 1939.

Lina Buxbaum.
Kennkartenfoto um 1939.

Mathilde Buxbaum wurde am 28.11.1891 in Allendorf geboren. Zusammen mit ihrer älteren Schwester Lina, ihrem Bruder Siegmund und dessen Ehefrau mußte sie Mitte 1941 nach Wohra umziehen. Von dort wurde sie am 8.12.1941 ins Ghetto Riga deportiert. Mathilde Buxbaum wurde weiter ins Konzentrationslager Stutthof verschleppt. Umstände und Ort ihrer Ermordung sind nicht bekannt.

Mathilde Buxbaum.
Kennkartenfoto um 1939.

Familie Ransenberg (Sprinzes), Haus Nr. 111 *(Hahnengasse)*

Hermann Ransenberg wurde am 21.12.1870 in Calle/Kreis Meschede geboren. Er war verheiratet mit Frommet Stern. Sie betrieben ein Lebensmittel- und Manufakturwarengeschäft. Hermann Ransenberg war im Vorstand der jüdischen Gemeinde. Mitte 1941 mußte er mit seiner Frau und seiner Schwägerin nach Josbach umziehen. Es gelang ihnen, Platz in einem jüdischen Altersheim in Frankfurt zu bekommen. Von dort verschleppte man ihn am 19.8.1942 ins Ghetto Theresienstadt. Am 29.9.1942 wurde er mit seiner Frau weiterdeportiert. Letzter bekannter Aufenthaltsort von Hermann Ransenberg ist Minsk. Die Umstände seiner Ermordung sind nicht bekannt.

Frommet Fanny Ransenberg, geborene Stern, wurde am 5.6.1864 in Allendorf geboren. Mitte 1941 mußte sie nach Josbach umziehen. Von dort ging sie am 12.3.1942 nach Frankfurt ins jüdische Altersheim, von wo sie am 19. August 1942 ins Ghetto Theresienstadt deportiert wurde. Am 29. September 1942 verschleppte man sie in ein anderes Lager. Ihre Spur verliert sich in Minsk. Die Umstände ihrer Ermordung sind nicht bekannt.

Hilda Ransenberg, verheiratete Katz, wurde am 29.8.1895 in Allendorf geboren. Sie war vermutlich eine Tochter von Frommet und Hermann. 1939 wohnte sie in Gießen. Ihr weiteres Schicksal ist unbekannt.

Selma Ransenberg war eine Tochter von Frommet und Hermann. Sie ist etwa 1935 in die USA ausgewandert.

Hermann Ransenberg.
Kennkartenfoto um 1939.

Frommet Fanny Ransenberg.
Kennkartenfoto um 1939.

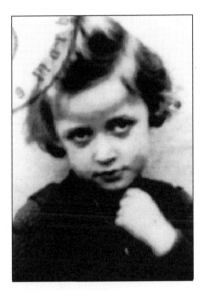

Martha Ransenberg.
Paßfoto von 1938.

Walter Ransenberg.
Kennkartenfoto um 1939.

Selma Ransenberg.
Kennkartenfoto um 1939.

Frieda Fradchen Stern.
Kennkartenfoto um 1939.

Irma Ransenberg war eine Tochter von Frommet und Hermann. Um 1937 ist sie nach England ausgewandert.

Herbert Ransenberg wurde am 8.3.1901 als Sohn von Frommet und Hermann geboren. Er arbeitete als Kaufmann. Am 28.8.1927 starb er nach einem Unfall beim Fußballspiel in Allendorf.

Walter Ransenberg wurde als Sohn von Frommet und Hermann am 13.7.1903 in Allendorf geboren. Er heiratete Selma Plaut. Auch er war Kaufmann. Walter Ransenberg betrieb Überlandhandel für das Geschäft der Familie. Am 24.3.1939 flüchtete er mit seiner Familie nach England, von wo ihm 1940 die Einreise in die USA gelang.

Selma Ransenberg, geborene Plaut, wurde am 10.10.1907 in Rauschenberg als Tochter von Isaak Plaut I/Rauschenberg geboren. Am 24.3.1939 verließ sie Allendorf und emigrierte nach England, von wo sie 1940 in die USA auswanderte.

Martha Ransenberg wurde am 9.4.1934 in Allendorf als Tochter von Selma und Walter geboren. Sie wanderte mit ihnen über England in die USA aus.

Frieda Fradchen Stern wurde am 21. 8. 1861 in Allendorf geboren. Sie war die Schwester von Frommet. Mitte 1941 wurde sie nach Josbach umgesiedelt, von wo sie mit ihrer Schwester und ihrem Schwager ins jüdische Altersheim in Frankfurt ging. Von dort wurde Frieda Stern ins Ghetto Theresienstadt deportiert, wo sie am 25. Juli 1943 umgekommen ist.

Familie Stern (Anchils), Haus Nr. 76 *(Mittelstraße/An der Kirchmauer)*

Blümchen Stern wurde am 6.2.1871 in Allendorf geboren. Sie war die Schwester von Sara. Sie starb am 21.8.1934 in Allendorf.

Sara Stern wurde am 24.5.1885 in Allendorf geboren. Noch am 3.4.1940 gelang es ihr, in die USA auszuwandern.

Sara Stern.
Kennkartenfoto um 1939.

Wertheim (Salme), Haus Nr. 206 *(Hauptstraße/Ecke Mittelstraße)*

Salomon Wertheim wurde am 17.3.1866 in Allendorf geboren. Er war alleinstehend und lebte in dem Haus, in dem sich auch seine Metzgerei befand. Mitte 1941 wurde er nach Wohra umgesiedelt. Wahrscheinlich ist er noch in ein jüdisches Altersheim gekommen, da er von Frankfurt deportiert worden ist. Seine Spur verliert sich in Minsk. Die Umstände seiner Ermordung sind nicht bekannt.

Salomon Wertheim.
Kennkartenfoto um 1939.

Familie Woschinski (Russen-Jopp), Haus Nr. 73 *(Mittelstraße)*

Josef Woschinski wurde am 15.5.1886 geboren. Er war der Ehemann von Hendel Blumsack. Josef Woschinski arbeitete als Bäcker und Arbeiter bzw. Angestellter. Am 25.7.1939 ist er mit seiner Familie, aber ohne seinen Sohn Max, nach Argentinien ausgewandert.

Hendel Helene Woschinski, geborene Blumsack, wurde am 11.7.1891 geboren. Sie wanderte am 25.7.1939 nach Argentinien aus.

Anna Woschinski wurde am 11.9.1911 in Lodz/Polen als Tochter von Hendel und Josef geboren. Sie arbeitete u.a. in Kirchhain und Marburg als Hausangestellte. Am 10. August 1935 zog sie von Kirchhain nach Allendorf zurück. Am 25.7.1939 ist Anna Woschinski mit ihren Eltern nach Argentinien ausgewandert (s.a. Kirchhain).

Max Woschinski wurde am 16. Juli 1919 als Sohn von Hendel und Josef geboren. Er war taubstumm. Eine behördliche Abmeldung nach Berlin datiert vom 1.8.1938. Er soll zu diesem Zeitpunkt in eine Anstalt gebracht worden sein. Er wurde in das Vernichtungslager Auschwitz deportiert, wo sich seine Spur verliert. Die Umstände der Ermordung von Max Woschinski sind nicht bekannt.

Julius Woschinski wurde am 20.10.1921 in Allendorf als Sohn von Hendel und Josef geboren. Er arbeitete 1938-1939 in Bad Nauheim als Gärtner. Am 13.5.1939 zog er zurück nach Allendorf. Am 25.7.1939 ist er mit seinen Eltern nach Argentinien ausgewandert.

Willi Woschinski wurde am 21.9.1926 als Sohn von Hendel und Josef geboren. Ab September 1939 besuchte er das jüdische Internat in Bad Nauheim. Mit seinen Eltern ist er am 25.7.1939 nach Argentinien ausgewandert.

Familie Stern, Mittelgasse Nr. 47 *(heute Nr. 1)*

Sally Stern wurde am 29.12.1869 geboren. Er war der Bruder von Selig und der Ehemann von Jeanette Apt. Am 4.6.1926 starb er in Amöneburg.

Jeanette Stern, geborene Apt, wurde am 29. September1876 in Breitenbach/Herzberg geboren. Sie betrieb ein Manufakturwarengeschäft. Im April 1941 wurde sie verhaftet und im Zwangsarbeiterlager Breitenau inhaftiert. Da kurz nach ihrer Verhaftung ihre Auswanderungsgenehmigung kam, wurde sie am 21.5.1941 wieder entlassen. Nachdem sie sich am darauffolgenden Tag in Amöneburg abgemeldet hatte, gelang es ihr, zu ihrem Sohn in die USA auszuwandern.

Arthur Stern wurde am 7. September1904 in Amöneburg als Sohn von Jeanette und Sally geboren. Zusammen mit seiner Mutter besaß er ein Manufakturwarengeschäft. Am 12. Dezember 1939 wanderte Arthur Stern in die USA aus.

Jeanette Stern.
Kennkartenfoto um 1939.

Arthur Stern.
Kennkartenfoto um 1939.

Familie Stern, Haus Nr. 142 *(nach dem Krieg abgerissen)*

Selig Stern wurde am 28.7.1865 geboren. Er war der Bruder von Sally. Verheiratet war er mit Esther Spier. Am 28.9.1933 ist er in Amöneburg gestorben.

Esther Ernestine Stern, geborene Spier, wurde am 11.4.1869 in Zwesten geboren. Am 4.6.1942 zog sie nach Bielefeld. Von dort deportierte man sie ins Ghetto Theresienstadt, wo sie am 16.3.1944 umkam.

Siegfried Stern wurde am 24.11.1905 in Amöneburg als Sohn von Esther und Selig geboren. Er war der Ehemann von Hildegard Steinmann. Sein Beruf war Landwirt. Am 8.12.1941 wurde er von Amöneburg ins Ghetto Riga deportiert. Siegfried Stern überlebte. 1945 kam er nach Amöneburg zurück, von wo er nach Israel auswanderte.

Hildegard Stern, geborene Steinmann, wurde am 4.3.1917 in Gemünden geboren. Am 30.1.1939 ist sie nach Amöneburg zugezogen, von dort wurde sie am 8.12.1941 ins Ghetto Riga deportiert. Hildegard Stern kehrte nicht wieder zurück. Umstände und Ort ihrer Ermordung sind nicht bekannt.

Pinchas Uri Stern wurde am 17.4.1940 als Sohn von Hildegard und Siegfried Stern in Amöneburg geboren. Von hier deportierte man ihn am 8.12.1941 mit seinen Eltern ins Ghetto Riga. Hier verliert sich seine Spur. Umstände und Ort seiner Ermordung sind nicht bekannt.

Rosalie Steinmann, geborene Schön, wurde am 21.2.1891 in Nordheim/Rhön geboren. Vermutlich war sie die Mutter von Hildegard. Am 3.11.1941 zog sie von Gemünden nach Amöneburg. Von hier wurde sie am 8.12.1941 ins Ghetto Riga deportiert.

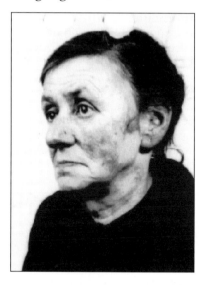

Esther Ernestine Stern.
Kennkartenfoto um 1939.

Siegfried Stern.
Kennkartenfoto um 1939.

Rosalie Steinmann kehrte nicht wieder zurück. Umstände und Ort ihrer Ermordung sind nicht bekannt.

Recha Meyer, geborene Stern, wurde am 4.1.1909 als Tochter von Esther und Selig in Amöneburg geboren. Sie war Hausangestellte. Am 8.3.1939 zog sie von Darmstadt zurück nach Amöneburg. Von hier deportierte man sie am 31.5.1942 ins Ghetto Lublin, wo sich ihre Spur verliert. Die Umstände ihrer Ermordung sind unbekannt.

Michael Meyer wurde am 25.12.1899 in Papenburg/Aschendorf geboren. Er war der Ehemann von Recha und ist wahrscheinlich zusammen mit ihr in Amöneburg zugezogen. Sein Beruf ist nicht bekannt, da er ihn zum Zeitpunkt des Zuzuges nicht mehr ausüben konnte. Wie viele andere zu Zwangsarbeit verpflichtet, wurde er als Arbeiter registriert. Am 31.5.1942 ist er von Amöneburg ins Ghetto Lublin deportiert worden. Dort verliert sich seine Spur. Die Umstände seiner Ermordung sind unbekannt.

Amon Denny Meyer wurde am 9.1.1941 als Sohn von Recha und Michael in Amöneburg geboren. Von hier deportierte man ihn am 31.5.1942 mit seinen Eltern ins Ghetto Lublin. Die Umstände seiner Ermordung sind nicht bekannt.

Helene Lang, geborene Stern, wurde am 18.2.1902 in Amöneburg als Tochter von Esther und Selig geboren. Am 25.12.1939 zog sie von Erfurt nach Amöneburg, am 3.8.1940 wieder zurück nach Erfurt.

Julius Lang wurde am 4. März 1896 in Bad Salzungen geboren. Er war der Ehemann von Helene Stern. Am 5.10.1939 zog er von Erfurt nach Amöneburg, am 3.8.1940 wieder zurück nach Erfurt.

Sophie Lang wurde am 26.9.1935 als Tochter von Helene und Julius in Erfurt geboren. Von dort zog sie am 5.10.39 nach Amöneburg und am 3.8.1940 zurück nach Erfurt. Das Schicksal der Familie Lang ist unbekannt

Heching, Katholisches Schwesternhaus

Frieda Heching wurde am 20.9.1894 in Rauschenberg geboren. Laut Auskunft des Bürgermeisters vom 2.1.1939 lebte sie seit Jahren im katholischen Schwesternhaus. Am 1.10.1940 zog sie nach Frankfurt. Von hier aus wurde sie deportiert. Frieda Heching kehrte nicht wieder zurück. Umstände und Ort ihrer Ermordung sind nicht bekannt.

Frieda Heching.
Kennkartenfoto um 1939.

Familie Stern, Haus Nr. 63

Moses Stern wurde am 14.10.1860 in Rosenthal geboren. Er war von Beruf Handelsmann. Am 12.10.1937 zog Moses Stern ins jüdische Altersheim in Frankfurt, wo er am 24.5.1939 Selbstmord beging.

Julius Stern wurde am 16.9.1899 in Betziesdorf geboren. Er war der Sohn von Moses. Er heiratete Berta Katten. Am 22.3.1938 wanderte er in die USA aus.

Berta Stern, geborene Katten, wurde am 23.3.1910 in Halsdorf geboren. Am 22.3.1938 wanderte sie in die USA aus.

Helmut Stern wurde als Sohn von Berta und Julius am 2.7.1933 in Marburg geboren. Am 22.3.1938 wanderte er mit seinen Eltern in die USA aus.

Marga Stern wurde in Marburg als Tochter von Berta und Julius am 11.1.1935 geboren. Sie wanderte am 22.3.1938 mit ihren Eltern in die USA aus.

Familie Heß, Haus Nr. 36

Albert Abraham Heß wurde am 29.3.1882 in Oberasphe geboren. Er heiratete Berta Wertheim. Albert Heß betrieb ein Kleinviehgeschäft. Er wanderte am 24.5.1939 in die USA aus.

Berta Heß, geborene Wertheim, wurde am 25.4.1882 in Bürgeln als Tochter von Nanny und Jacob geboren. Sie betrieb ein Kolonialwarengeschäft. Am 24.5.1939 wanderte Berta Heß in die USA aus.

Julius Heß wurde am 18.7.1911 als Sohn von Berta und Albert in Oberasphe geboren. Schon 1930 wanderte er in die USA aus.

Erna Heß, verheiratete Maier, wurde als Tochter von Berta und Albert am 17.5.1913 in Oberasphe geboren. 1934 ist sie in die USA ausgewandert.

Albert Abraham Heß.
Kennkartenfoto um 1939.

Fritz Heß wurde am 16.2.1915 in Oberasphe als Sohn von Berta und Albert geboren. Am 27.1.1936 wanderte er in die USA aus.

Martin Heß wurde am 9.1.1924 in Bürgeln als Sohn von Berta und Albert geboren. Am 12.5.1939 versuchte er nach Kuba zu gelangen, wo er aber wegen einer inzwischen ungültig erklärten Einreisegenehmigung nicht an Land gehen konnte. Martin Heß mußte mit dem Schiff zurück in die Niederlande fahren, wo er blieb, bis es ihm im November 1939 gelang, in die USA einzuwandern.

Jacob Wertheim wurde am 12.10.1845 geboren. Er war verheiratet mit Nanny Katz und der Vater von Berta Heß. Er ist am 24.10.1907 verstorben.

Berta Heß.
Kennkartenfoto um 1939.

Nanny Wertheim, geborene Katz, wurde am 6.2.1851 geboren. Sie war die Mutter von Berta Heß. Am 16.3.1937 starb sie in Bürgeln.

Martin Heß.
Kennkartenfoto um 1939.

Familie Wertheim, Haus Nr. 35

Isidor Wertheim wurde am 3.4.1891 in Bürgeln geboren. Er war der Ehemann von Berta Katz und von Beruf Viehhändler. Am 2.8.1939 ist er nach England ausgewandert.

Isidor Wertheim.
Kennkartenfoto um 1939.

Berta Wertheim, geborene Katz, wurde am 30.4.1892 in Watzenborn/Steinberg geboren. Am 2.8.1939 ging sie zunächst nach England und wanderte von dort in die USA aus.

Erich Wertheim wurde am 29.3.1922 in Bürgeln als Sohn von Berta und Isidor geboren. Im Oktober 1938 ist er in die USA ausgewandert, wo er in die Armee eintrat. Erich Wertheim fiel während des Zweiten Weltkriegs.

Irmgard (Irma) Wertheim wurde als Tochter von Berta und Isidor am 4.9.1926 in Bürgeln geboren. Am 2.8.1939 wanderte sie nach England aus, von dort zog sie 1946 in die USA.

Berta Wertheim.
Kennkartenfoto um 1939.

Irmgard (Irma) Wertheim.
Kennkartenfoto um 1939.

Familie Buchheim, Haus Nr. 120 *(Alte Dorfstraße)*

David Buchheim wurde am 9.6.1887 in Wohra geboren. Er war der Ehemann von Paula Heß. David Buchheim arbeitete als Metzger. Am 3.5.1937 zog er nach Frankfurt. Noch im gleichen Jahr wanderte er nach Palästina aus.

Paula Buchheim, geborene Heß, wurde am 15.11.1892 in Cölbe geboren. Am 3.5.1937 zog sie nach Frankfurt, von dort wanderte sie im gleichen Jahr nach Palästina aus.

Else Buchheim wurde am 19. Dezember 1919 als Tochter von Paula und David geboren. Am 3.5.1937 zog sie nach Frankfurt, von wo aus sie 1937 nach Palästina auswanderte.

Hildegard Buchheim wurde als Tochter von Paula und David am 28.7.1925 geboren. Auch sie zog am 3.5.1937 nach Frankfurt und wanderte von dort im gleichen Jahr nach Palästina aus.

Soesmann

Elli Soesmann wurde am 9.2.1906 in Haustenbeck/Lippe geboren. Sie war mit Heinrich Rösser verheiratet, der kein Jude war. Zusammen hatten sie vier Kinder. Elli Soesmann zog vermutlich 1938 von Cölbe weg.

Familie Lion, Haus Nr. 61 *(Turmstr. 8)*

Emanuel Lion wurde am 29.1.1876 in Nordeck geboren. Er war der Ehemann von Auguste Walldorf. Als Kaufmann und Mitinhaber der Firma D. Stern Nachfolger handelte er mit Manufaktur- und Kolonialwaren. Am 19.10.1936 zog er nach Marburg, wo er am 12.11.1937 verstarb.

Auguste Lion, geborene Walldorf, wurde am 7.8.1878 in Gießen/Buseck geboren. Sie war die Schwester von Moses Walldorf. Am 19.10.1936 zog sie nach Marburg. Am 22.3.1941 konnte sie noch zusammen mit ihrem Sohn in die USA auswandern.

Leopold Lion wurde am 21.1.1915 in Marburg als Sohn von Auguste und Emanuel geboren. Nach dem Besuch der Oberrealschule in Marburg arbeitete er als kaufmännischer Angestellter in Frankfurt. Im August 1938 zog er zu seiner Mutter nach Marburg. Noch am 22. März 1941 konnte Leopold Lion mit ihr in die USA auswandern.

Hanna Walldorf, geborene Isenberg, wurde am 12.3.1847 geboren. Sie war die Mutter von Auguste Lion und Moses Walldorf. Am 25.6.1922 verstarb sie in Ebsdorf.

Aron Walldorf wurde am 2.6.1847 geboren. Er war der Vater von Auguste Lion und Moses Walldorf und starb am 24.7.1934 in Ebsdorf.

Familie Walldorf, Haus Nr. 112 *(Hauptstraße)*

Moses Moritz Walldorf wurde am 21. Februar 884 in Gießen/Buseck geboren. Er war der Ehemann von Dina Theisebach. Moses Walldorf arbeitete als Kaufmann und war Mitinhaber der Firma D. Stern Nachfolger, welche er durch den Verkauf von Milchzentrifugen, Nähmaschinen und Fahrrädern erweiterte. Am 19.10.1936 zog er nach Marburg. Von dort deportierte man Moses Walldorf am 31.5.1942 ins Ghetto Lublin, wo er ermordet wurde.

Dina Thekla Walldorf, geborene Theisebach, wurde am 28.9.1886 in Hatzbach geboren. Am 19.10.1936 mußte sie nach Marburg ziehen. Wie ihr Mann wurde Dina Walldorf am 31.5.1942 ins Ghetto Lublin deportiert und dort ermordet.

Dina Thekla Walldorf.
Kennkartenfoto um 1939.

Henny Walldorf wurde am 8.10.1912 in Ebsdorf als Tochter von Dina und Moses geboren. Sie heiratete Erwin Höchster aus Roth. Im April 1937 wanderte sie nach Südafrika aus, wohin ihr Bruder Max und ihr Ehemann schon emigriert waren.

Max Walldorf wurde am 30.9.1914 als Sohn von Dina und Moses in Ebsdorf geboren. Er war einer der letzten jüdischen Schüler der Oberrealschule Marburg, der dort 1934 noch sein Abitur ablegen konnte. Im April 1936 wanderte er nach Südafrika aus.

Familie Isenberg, Haus Nr. 81

Moses Isenberg wurde am 25.12.1859 geboren. Der Ehemann von Terz David war
von Beruf Viehhändler. Am 24.11.1936
verstarb er in Elnhausen.

Terz Elise Isenberg, geborene David,
wurde am 5. Juni 1867 geboren. Nach dem
Tod ihres Mannes zog sie nach Marburg.
Am 6. September 1942 deportierte man
Terz Isenberg ins Ghetto Theresienstadt,
wo sie am 28.3.1943 umgekommen ist.

Jacob Isenberg wurde als Sohn von Terz
und Moses am 30.9.1900 in Elnhausen geboren. Er war der Ehemann von Klara
Kanter und von Beruf Viehhändler. Am
14.9.1937 zog er nach Marburg, von wo er
1941 in die USA auswanderte.

*Terz Elise Isenberg.
Kennkartenfoto um 1939.*

*Jakob Isenberg.
Kennkartenfoto um 1939.*

Klara Isenberg, geborene Kanter, wurde am 9.12.1907 in Neustadt geboren. Sie zog am 14.9.1937 nach Marburg und wanderte 1941 ebenfalls in die USA aus.

Klara Isenberg.
Kennkartenfoto um 1939.

Familie Bachenheimer (Bachenheimers), Marburger Straße 1

David Bachenheimer wurde am 14.6.1867 geboren. Der Ehemann von Bertha Schönfeld war von Beruf Kaufmann. Er verstarb am 27.1.1922 in Fronhausen.

Bertha Bachenheimer, geborene Schönfeld, wurde am 25.12.1866 geboren. Die Familie betrieb wahrscheinlich einen Gemischtwarenladen. Bertha Bachenheimer starb am 14.4.1931 in Fronhausen

Julius Bachenheimer war der Sohn von Bertha und David. Er ist schon vor 1936 von Fronhausen weggezogen und in die USA ausgewandert.

Johanna Bachenheimer wurde am 24. Juni 1895 als Tochter von Bertha und David geboren. Am 8.12.1941 deportierte man sie von Fronhausen ins Ghetto Riga. Johanna Bachenheimer kehrte nicht wieder zurück. Umstände und Ort ihrer Ermordung sind nicht bekannt.

*Johanna Bachenheimer.
Kennkartenfoto um 1939.*

Familie Goldschmidt (Isaaks), Gossestraße 10

Gottfried Goldschmidt wurde am 4. Dezember 1902 geboren. Er war mit Frieda Löwenstein verheiratet und betrieb als Kaufmann ein Textilgeschäft. Am 31. Mai 1942 deportierte man ihn von Fronhausen ins Ghetto Lublin, wo sich seine Spur verliert. Die Umstände seiner Ermordung sind nicht bekannt.

Frieda Goldschmidt, geborene Löwenstein, wurde am 21.7.1894 in Oberwalgern geboren. Sie war die Nichte von Friederike und Auguste Löwenstein. Am 31.5.1942 wurde sie von Fronhausen ins Ghetto

Lublin deportiert. Sie kehrte nicht wieder zurück. Die Umstände ihrer Ermordung sind nicht bekannt.

Julius Jacob Goldschmidt wurde als Sohn von Frieda und Gottfried am 24.1.1930 geboren. Er ist am 31.5.1942 mit seinen Eltern von Fronhausen ins Ghetto Lublin deportiert worden, wo sich seine Spur verliert. Die Umstände seiner Ermordung sind nicht bekannt.

Ilse Goldschmidt wurde am 28.8.1933 als Tochter von Frieda und Gottfried gebo-

*Gottfried Goldschmidt.
Kennkartenfoto um 1939.*

*Frieda Goldschmidt.
Kennkartenfoto um 1939.*

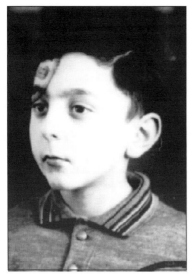

*Julius Jakob Goldschmidt.
Kennkartenfoto um 1939.*

*Friederike Löwenstein.
Kennkartenfoto um 1939.*

ren. Am 31.5.1942 deportierte man sie mit ihren Eltern von Fronhausen ins Ghetto Lublin. Ilse Goldschmidt kehrte nicht wieder zurück. Die Umstände ihrer Ermordung sind nicht bekannt.

Friederike Löwenstein wurde am 18.8.1872 geboren. Am 31.5.1942 wurde sie von Fronhausen ins Ghetto Lublin deportiert, wo sich ihre Spur verliert. Die Umstände ihrer Ermordung sind nicht bekannt.

Auguste Giedel Löwenstein wurde am 26.11.1868 geboren. Sie arbeitete als Schneiderin. Am 21.6.1941 starb sie in Fronhausen

Auguste Giedel Löwenstein.
Kennkartenfoto um 1939.

Familie Löwenstein (Hirsche), Stollberg 4

Moses Löwenstein wurde am 2.11.1851 in Fronhausen geboren. Er war mit Dina Sonn verheiratet. Am 11.9.1929 ist er in Fronhausen gestorben.

Dina (Tine) Löwenstein, geborene Sonn, wurde am 17.9.1851 geboren. Sie ist am 23.3.1934 in Fronhausen gestorben.

Hermann Löwenstein wurde am 25.8.1880 als Sohn von Dina und Moses geboren. Er war der Ehemann von Johanna Katten. Von Beruf war er Viehhändler und Metzger. Nebenbei betätigte Hermann Löwenstein sich als Schatzmeister der jüdischen Gemeinde. Am 27.(7.)10.1937 verstarb er in Fronhausen.

Johanna (Sanni) Löwenstein, geborene Katten, wurde am 30.11.1896 in Halsdorf geboren. Sie führte das Metzgereigeschäft

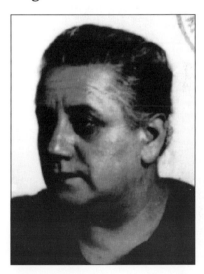

Johanna Löwenstein.
Kennkartenfoto um 1939.

am Ort. Am 8.12.1941 ist sie von Fronhausen ins Ghetto Riga deportiert worden, wo sich ihre Spur verliert. Umstände und Ort ihrer Ermordung sind nicht bekannt. Als angenommenes Todesdatum wurde nach dem Krieg der 1.10.1943 festgelegt.

Karl Salomon Löwenstein wurde am 30.1.1922 in Fronhausen als Sohn von Johanna und Hermann geboren. Von Fronhausen aus deportierte man ihn am 8. Dezember 1941 ins Ghetto Riga. Karl Löwenstein kehrte nicht zurück. Umstände und Ort seiner Ermordung sind nicht bekannt. Als angenommenes Todesdatum wurde der 1.10.1943 festgelegt.

Jenni Löwenstein wurde als Tochter von Johanna und Hermann am 20.6.1923 in Fronhausen geboren. Am 8.12.1941 deportierte man sie von Fronhausen ins Ghetto Riga. Sie überlebte. Nach ihrer Befreiung am 21.1.1945 wanderte Jenni Löwenstein in die USA aus.

Karl Salomon Löwenstein.
Kennkartenfoto um 1939.

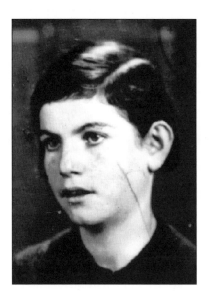

Jenni Löwenstein.
Kennkartenfoto um 1939.

Trude Löwenstein wurde am 15.8.1924 in Fronhausen als Tochter von Johanna und Hermann geboren. Von Fronhausen wurde am 8.12.1941 ins Ghetto Riga deportiert. Trude Löwenstein wurde am 21. Januar 1945 befreit, sie wanderte ebenfalls in die USA aus.

Friedrich Löwenstein wurde als Sohn von Johanna und Hermann am 9.10.1925 in Fronhausen geboren. Am 8.12.1941 wurde er von Fronhausen ins Ghetto Riga deportiert. Friedrich Löwenstein ist umgekommen. Umstände und Ort seiner Ermordung sind nicht bekannt. Sein Todesdatum wurde nach dem Krieg auf den 1.10.1943 festgesetzt.

Friedrich Löwenstein war der Bruder von Hermann. Er fiel im Ersten Weltkrieg.

Minchen Sonn wurde 1847 geboren. Sie war die Schwester von Dina Löwenstein und verstarb 1939 in Fronhausen.

*Trude Löwenstein.
Kennkartenfoto um 1939.*

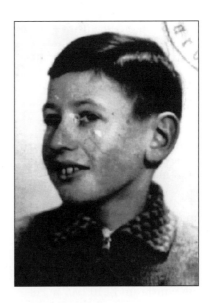

*Friedrich Löwenstein.
Kennkartenfoto um 1939.*

Familie Löwenstein (Mendels), Gladenbacher Straße 1

Julius Löwenstein wurde am 11.11.1879 geboren. Er war der Ehemann von Rosa Hammerschlag. Als Kaufmann betrieb er in seinem Haus ein Geschäft für Lebensmittel und Stoffe. Er war der Vorsitzender der jüdischen Gemeinde in Fronhausen. Am 8.12.1941 deportierte man ihn von Fronhausen ins Ghetto Riga, von dort ins Konzentrations- und Vernichtungslager Auschwitz. Julius Löwenstein kehrte nicht wieder zurück. Die Umstände seiner Ermordung sind nicht bekannt.

Rosa Löwenstein, geborene Hammerschlag, wurde am 30.9.1881 geboren. Sie ist am 24.3.1928 in Fronhausen gestorben.

Otto Löwenstein wurde am 30.9.1909 als Sohn von Rosa und Julius geboren. Er war mit Elfriede Katz verheiratet und von Beruf Kaufmann. Am 15.8.1939 zog er nach Frankfurt/Main. Von Inheiden aus wurde er deportiert, wo sich seine Spur verliert. Umstände und Ort seiner Ermordung sind nicht bekannt.

Elfriede Löwenstein, geborene Katz, wurde am 22.10.1914 in Inheiden geboren. Von hier wurde sie mit der Familie deportiert. Elfriede Löwenstein kehrte nicht wieder zurück. Umstände und Ort ihrer Ermordung sind nicht bekannt.

Jenni Löwenstein wurde am 23.6.1941 als Tochter von Elfriede und Otto geboren. Sie wurde zusammen mit ihren Eltern deportiert. Umstände und Ort ihrer Ermordung sind nicht bekannt.

Minna Krug wurde am 12.10.1907 in Felsberg geboren. Sie war Haushälterin bei Löwensteins. Am 5.3.1938 zog sie nach Felsberg.

Julius Löwenstein.
Kennkartenfoto um 1939.

Otto Löwenstein.
Kennkartenfoto um 1939.

Sybilla Neuhaus wurde am 6.3.1898 in Westerburg geboren. Sie trat am 15.8.1938 die Nachfolge von Minna Krug an. Zusammen mit Julius Löwenstein deportierte man sie am 8.12.1941 von Fronhausen ins Ghetto Riga. Sybilla Neuhaus kehrte nicht wieder zurück. Umstände und Ort ihrer Ermordung sind nicht bekannt.

Sybilla Neuhaus.
Kennkartenfoto um 1939.

Familie Löwenstein (Moritzes), Gießener Straße 9

Moritz Löwenstein wurde am 25.12.1881 geboren. Er war der Ehemann von Regina Rosenbaum und Bruder von Hermann Löwenstein. Moritz Löwenstein war Viehhändler und Metzger. Am 12.5.1927 ist er in Fronhausen gestorben.

Regina Löwenstein, geborene Rosenbaum, wurde am 9.7.1878 in Hochheim/Taunus geboren. Sie führte einen Handel mit Fellen und Häuten. Am 8.12.1941 wurde sie von Fronhausen ins Ghetto Riga deportiert, wo sich ihre Spur verliert. Umstände und Ort ihrer Ermordung sind nicht bekannt.

Irma Löwenstein wurde am 14.4.1911 als Tochter von Regina und Moritz geboren. Sie war Schneiderin von Beruf. 1938 heiratete sie Salli Nathan aus Lohra und zog von

Regina Löwenstein.
Kennkartenfoto um 1939.

Fronhausen nach Lohra. Am 20.5.1939 wanderte sie nach Argentinien aus (s.a. Lohra).

Hermann Löwenstein wurde als Sohn von Regina und Moritz am 27.4.1916 geboren. Er war von Beruf Metzger. Am 8.12.1941 wurde er von Fronhausen ins Ghetto Riga deportiert. Seine Spur verliert sich im Konzentrationslager Stutthof. Die Umstände seiner Ermordung sind nicht bekannt.

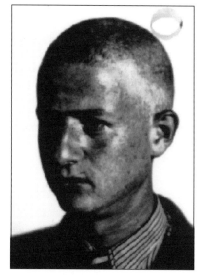

Hermann Löwenstein.
Kennkartenfoto um 1939.

Familie Goldschmidt, Haus Nr. 102

Julius Goldschmidt wurde am 11.3.1897 in Goßfelden geboren. Er war der Ehemann von Jenny Bär und von Beruf Kaufmann. Am 20.7.1936 ist er in die USA ausgewandert.

Jenny Goldschmidt, geborene Bär, wurde am 25.11.1902 in Griedel/Kreis Friedberg geboren. Sie wanderte am 20.7.1936 ebenfalls in die USA aus.

Lore Goldschmidt wurde am 12.1.1929 in Marburg als Tochter von Jenny und Julius geboren. Sie ist am 20.7.1936 mit ihren Eltern in die USA ausgewandert.

Lina Goldschmidt, geborene Isenberg, wurde am 28. Juni 1869 in Caldern geboren. Sie war die Mutter von Julius. Sie wanderte am 20. Juli 1936 mit in die USA aus.

Familie Lilienstein, Haus Nr. 106

Gustav Lilienstein wurde am 20.11.1888 in Goßfelden geboren. Er war mit Zerline Meier verheiratet und von Beruf Viehhändler. Am 31.5.1942 deportierte man ihn von Goßfelden ins Ghetto Lublin, wo sich seine Spur verliert. Die Umstände seiner er Ermordung sind nicht bekannt.

Zerline (Cilli) Lilienstein, geborene Meier, wurde am 30.8.1897 in Zimmersrode geboren. Am 31.5.1942 wurde sie von Goßfelden ins Ghetto Lublin deportiert. Zerline Lilienstein kehrte nicht wieder zurück. Die Umstände ihrer Ermordung sind nicht bekannt.

Gustav Lilienstein.
Kennkartenfoto um 1939.

Fritz Lilienstein wurde am 14.8.1923 in Goßfelden geboren. Er war der Sohn von Zerline und Gustav. Am 17.5.1942 brachte man ihn nach Bendorf Sayn/Koblenz in die "Jacoby'sche Heil- und Pflegeanstalt". Von dort deportierte man ihn am 14. Juni 1942 ins Durchgangslager Izbica/Lublin, wo sich seine Spur verliert. Umstände und Ort seiner Ermordung sind nicht bekannt.

Auguste Gertrude Lilienstein, geborene Metzger, wurde am 1.5.1858 in Schönstadt geboren. Sie war vermutlich die Mutter von Gustav und Salomon. Am 3.12.1940 ist sie in Goßfelden gestorben.

Zerline Lilienstein.
Kennkartenfoto um 1939.

Fritz Lilienstein.
Kennkartenfoto um 1939.

Auguste Gertrude Lilienstein.
Kennkartenfoto um1939.

Familie Lilienstein, Haus Nr. 20 *(Michelbacher Straße)*

Salomon Lilienstein wurde am 12.5.1884 in Goßfelden geboren. Er war der Ehemann von Berta Katz und arbeitete als Viehhändler. 1939 wurde er inhaftiert und in ein Konzentrationslager gebracht. Salomon Lilienstein kam am 5.11.1942 im Konzentrations- und Vernichtungslager Auschwitz um.

Berta Lilienstein, geborene Katz, wurde am 19.6.1889 in Hatzbach geboren. Am 8.12.1941 wurde sie von Goßfelden ins Ghetto Riga deportiert. Berta Lilienstein kehrte nicht wieder zurück. Umstände und Ort ihrer Ermordung sind nicht bekannt.

Hans Lilienstein wurde am 10.4.1924 in Goßfelden als Sohn von Berta und Salomon geboren. Am 8.12.1941 deportierte man ihn zusammen mit seiner Mutter von Goßfelden ins Ghetto Riga, wo sich seine Spur verliert. Umstände und Ort seiner Ermordung sind nicht bekannt.

Berta Lilienstein.
Kennkartenfoto um 1939.

Hans Lilienstein.
Kennkartenfoto um 1939.

Zerline Trude Lilienstein wurde als Tochter von Berta und Salomon am 13.7.1922 geboren. Von Berlin aus deportierte man sie ins Konzentrations- und Vernichtungslager Auschwitz. Die Umstände ihrer Ermordung sind nicht bekannt.

Karoline (Lina) Lilienstein wurde am 27.12.1876 in Goßfelden geboren. Am 10. September 1939 zog die Händlerin nach Frankfurt/Main. Von dort wurde Karoline Lilienstein ins Ghetto Theresienstadt deportiert, wo sie am 14.9.1942 umkam.

Zerline Lilienstein.
Kennkartenfoto um 1939.

Karoline Lilienstein.
Kennkartenfoto um 1939.

Familie Abraham Katten (Herze), Haus Nr. 29

Abraham Katten wurde am 29.8.1876 in Halsdorf geboren. Er war der Bruder von Bettchen, Meier und Salomon. Abraham Katten heiratete Flora Appel. Von Beruf war er Händler. Am 7.2.1939 zog er nach Frankfurt ins Altersheim. Von hier deportierte man ihn ins Ghetto Riga, wo sich seine Spur verliert. Umstände und Ort seiner Ermordung sind nicht bekannt.

Flora Katten, geborene Appel, wurde am 22.1.1885 in Borken geboren. Am 30.10.1940 zog sie nach Frankfurt ins Altersheim. Von dort wurde Flora Katten deportiert. Sie kehrte nicht zurück. Umstände und Ort ihrer Ermordung sind nicht bekannt.

Meier Katten wurde am 4.1.1869 geboren. Er war ein Bruder von Bettchen, Salomon und Abraham. Er starb am 7.7.1937 in Halsdorf.

Abraham Katten.
Kennkartenfoto um 1939.

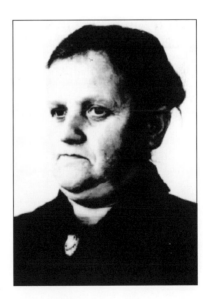

Flora Katten
Kennkartenfoto um 1939.

Bettchen Katten wurde am 18.2.1867 geboren. Sie war die Schwester von Salomon, Meier und Abraham. Am 7.2.1939 zog sie nach Frankfurt, von wo aus sie deportiert wurde. Bettchen Katten ist am 10.9.1942 im Ghetto Theresienstadt umgekommen.

Bettchen Katten.
Kennkartenfoto um 1939.

Familie Meier Katten II, Haus Nr. 26

Meier Katten II wurde am 7.10.1884 in Halsdorf geboren. Er war der Ehemann von Jette Löwenstein. Als Beruf übte er den Viehhandel aus. Meier Katten II war der letzte Vorsitzende der jüdischen Gemeinde in Halsdorf. Am 25.1.1941 wanderte Meier Katten in die USA aus.

Meier Katten II.
Kennkartenfoto um 1939.

Jette (Johanna) Katten, geborene Löwenstein, wurde am 24.5.1887 in Fronhausen geboren. Sie ist ebenfalls am 25.1.1941 in die USA ausgewandert.

Salomon Siegfried Katten wurde am 29. Januar 1914 in Marburg geboren. Vermutlich war er der Sohn von Jette und Meier II. Er ist schon vor 1936 von Halsdorf weggezogen.

Sanny Katten wurde am 21.2.1916 als Tochter von Jette und Meier II geboren. Sie zog um 1936/37 von Halsdorf weg.

Ilse Katten wurde als Tochter von Jette und Meier II am 7.4.1920 in Halsdorf geboren. Am 11.5.1936 ist sie in die USA ausgewandert.

Hermann Katten wurde am 14.1.1922 in Marburg als Sohn von Jette und Meier II geboren. Er wanderte am 21.11.1938 in die USA aus.

Adolf Katten wurde am 8.10.1887 geboren. Wahrscheinlich war er der Bruder von Meier II. Von Beruf war er Metzger und Viehhändler. Am 21.11.1938 flüchtete Adolf Katten aus Deutschland mit dem Ziel, in die USA auszuwandern, beging aber noch vor der Ankunft Selbstmord.

Jette (Johanna) Katten.
Kennkartenfoto um 1939.

Ilse Katten.
Kennkartenfoto um 1939.

Familie Meier Katten III, Haus Nr. 99

Emanuel Katten wurde am 20.1.1865 geboren. Er verstarb am 25. Dezember 1931 in Halsdorf.

Meier Katten III wurde am 10.6.1897 als Sohn von Emanuel geboren. Er war der Ehemann von Minna Siesel und von Beruf Viehhändler. 1938 zog er kurzzeitig nach Marburg, von wo er am 25.9.1938 in die USA auswanderte.

Minna Katten, geborene Siesel, wurde am 26.11.1903 in Altenstadt, Kreis Büdingen, geboren. 1938 zog sie nach Marburg. Von dort ist sie am 25.9.1938 in die USA ausgewandert.

Meier Katten III.
Paßfoto von 1938.

Minna Katten.
Paßfoto von 1938.

Manfred Katten wurde am 25.8.1931 in Marburg als Sohn von Minna und Meier geboren. 1938 zog er mit den Eltern nach Marburg und wanderte von hier am 25.9.1938 in die USA aus.

Siegmund Katten wurde am 10.5.1901 als Sohn von Emanuel geboren. Er ist 26.1.1936 in die USA ausgewandert.

Julius Katten wurde als Sohn von Emanuel am 25.12.1905 geboren. Am 29.1.1936 wanderte er in die USA aus.

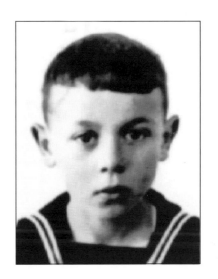

Manfred Katten.
Paßfoto von 1938.

Familie Salomon Katten (Herze), Haus Nr. 35

Salomon Isaak Katten wurde am 4.4.1871 in Halsdorf geboren. Er war Ehemann von Malchen Goldschmidt. Von Beruf war er Viehhändler, betrieb aber gleichzeitig einen Gemischtwarenladen. Vom 28.5.1940 bis 9.7.1940 war Salomon Kadden im Zwangsarbeiterlager Breitenau inhaftiert. Am 23.9.1940 wanderte er in die USA aus.

Malchen Katten, geborene Goldschmidt, wurde am 2.2.1873 in Hausen/Kreis Ziegenhain geboren. Sie ist ebenfalls am 23.9.1940 in die USA ausgewandert.

Max Katten wurde am 28.2.1903 als Sohn von Malchen und Salomon geboren. Er ist am 27.6.1914 in Halsdorf gestorben.

Salomon Isaak Katten.
Kennkartenfoto um 1939.

Goldine Katten wurde als Tochter von Malchen und Salomon am 13.7.1904 geboren. Sie ist vor 1936 aus Halsdorf weggezogen und dann in die USA ausgewandert.

Siegmund Katten wurde am 5.5.1907 als Sohn von Malchen und Salomon geboren. Er unterhielt ein Manufakturwarengeschäft und wanderte am 26.1.1936 in die USA aus.

Gerda Katten wurde am 23.7.1913 als Tochter von Malchen und Salomon geboren. Am 22.1.1941 zog sie nach Stuttgart. Vermutlich gelang es ihr noch kurz vor dem generellen Auswanderungsverbot, von Stuttgart in die USA auszuwandern.

Adolf Katten wurde am 14.9.1916 als Sohn von Malchen und Salomon geboren. Er ist vor 1936 aus Halsdorf weggezogen und wanderte dann in die USA aus.

Fritz Katten wurde am 29.1.1914 geboren. Wahrscheinlich war er der Sohn von Malchen und Salomon. Er zog am 29.3.1934 von Kirchhain nach Halsdorf, verließ Halsdorf aber wieder vor 1936.

Malchen Katten.
Kennkartenfoto um 1939.

Gerda Katten.
Kennkartenfoto um 1939.

Familie Siegmund Katten, Haus Nr. 61

Siegmund Katten wurde am 26.5.1885 geboren. Er war der Ehemann von Betty Bähr und von Beruf Viehhändler. Am 12.1.1938 wanderte er in die USA aus.

Betty Katten, geborene Bähr, wurde am 13. Juli 1900 geboren. Sie ist am 12. Januar 1938 mit der Familie in die USA ausgewandert.

Fredi Katten wurde am 12.10.1926 als Sohn von Betty und Siegmund geboren. Er ist am 12.1.1938 mit seinen Eltern in die USA ausgewandert.

Heinz Katten wurde am 8.4.1930 als Sohn von Betty und Siegmund geboren. Er wanderte ebenfalls am 12.1.1938 in die USA aus.

Familie Levi, Schulhaus

Kaufmann Levi wurde am 23. Februar 1880 in Frielendorf geboren. Er war mit Laura Massenbacher verheiratet und arbeitete als Lehrer, Kantor und Schächter. Am 12. August 1935, nach der Auswanderung seiner Tochter Lore, zog Kaufmann Levi mit seiner Familie nach Bebra um. Später ist er nach Palästina ausgewandert.

Laura Levi, geborene Massenbacher, wurde am 2. Mai 1890 in Burghasslau/Bayern geboren. Sie zog am 12. August 1935 nach Bebra und wanderte später nach Palästina aus.

Lore Levi wurde am 3.10.1915 in Halsdorf als Tochter von Laura und Kaufmann Levi geboren. Am 8.8.1935 ist sie nach Palästina ausgewandert.

Manfred Levi wurde am 9.3.1928 als Sohn von Laura und Kaufmann geboren. Am 12.8.1935 zog er mit seinen Eltern nach Bebra und wanderte am 6.3.1939 nach Palästina aus.

Bertha Levi zog ebenfalls am 12.8.1935 nach Bebra und ist am 6.3.1939 nach Palästina ausgewandert.

Familie Rosenfeld (Rosewelt), Haus Nr. 103

Max Rosenfeld wurde am 16.11.1887 geboren. Er war Ehemann von Selma Stern. Von Beruf Kaufmann übte er nebenher das Amt des Schriftführers der jüdischen Gemeinde aus. Ende 1938 zog er nach Freudental/Württemberg. Von dort deportierte man ihn. Seine Spur verliert sich im Ghetto Riga. Umstände und Ort seiner Ermordung sind nicht bekannt.

Selma Rosenfeld, geborene Stern, wurde am 18.4.1898 geboren. Ende 1938 zog sie nach Freudental/Württemberg. Von dort wurde Selma Rosenfeld ins Ghetto Riga deportiert. Sie überlebte nicht. Umstände und Ort ihrer Ermordung sind unbekannt.

Hermann Rosenfeld wurde am 17.5.1923 als Sohn von Selma und Max geboren. 1938 zog er von Halsdorf fort. Von Freudental/Württemberg aus deportierte man ihn. Seine Spur verliert sich im Ghetto Riga. Umstände und Ort seiner Ermordung sind nicht bekannt.

Bertel Rosenfeld wurde am 23.8.1929 in Halsdorf als Tochter von Selma und Max geboren. Sie zog gegen Ende 1938 nach Freudental/Württemberg und später von dort nach Ludwigsburg. Sie ist von Stuttgart aus deportiert worden. Bertel Rosenfeld gilt als im Ghetto Riga verschollen. Umstände und Ort ihrer Ermordung sind nicht bekannt.

Julia (Julchen) Stern, geborene Katten, wurde am 9.7.1869 in Halsdorf geboren. Wahrscheinlich war sie die Mutter von Selma. Sie hatte einen Wandergewerbeschein für Kleiderstoffe. Am 5.1.1940 zog sie nach Frankfurt ins jüdische Altersheim. Von dort ist Julia Stern deportiert worden. Ihre Spur verliert sich in Minsk. Die Umstände ihrer Ermordung sind nicht bekannt.

Betti Stern wurde vermutlich 6.1.1890 geboren. Sie war die Schwester von Selma. Ihr letzter Wohnort war Attendorn. Sie starb am 29.7.1942 wahrscheinlich durch Selbstmord.

Bertel Rosenfeld.
Kennkartenfoto um 1939.

Julia Rosenfeld.
Kennkartenfoto um 1939.

Familie Fain (Leibs/Liebmanns) Haus Nr. 59

Hans Fain wurde am 5.2.1889 in Frankfurt/Oder geboren. Er war verheiratet mit Frieda Steinfeld. Neben seiner Matzenbäckerei betrieb er ein Lebensmittelgeschäft. 1938 arbeitete er auf dem Haschara-Umschulungsgut Neuendorf/Fürstenwalde, um mit der dort erlangten landwirtschaftlichen Qualifikation ein Einreisevisum zu erlangen. Am 25.4.1939 ist er mit seiner Familie von Josbach nach Argentinien ausgewandert.

Frieda Fain, geborene Steinfeld, wurde am 15.2.1898 in Josbach geboren. Sie ist ebenfalls am 25.4.1939 nach Argentinien ausgewandert.

Hermann Fain wurde als Sohn von Frieda und Hans am 11.12.1920 in Josbach geboren. Er flüchtete am 22.2.1939 nach seiner Rückkehr aus dem Konzentrationslager Buchenwald nach England. Wahrscheinlich wanderte Hermann Fain von dort zu seinen Eltern nach Argentinien aus.

Selma Fain wurde in Josbach am 5.12.1921 als Tochter von Frieda und Hans geboren. Sie wanderte am 25.4.1939 mit ihren Eltern nach Argentinien aus.

Alfred Fain wurde am 23.4.1928 als Sohn von Frieda und Hans in Josbach geboren. 1938-1939 besuchte er die jüdische Schule in Bad Nauheim. Am 25.4.1939 ist er mit den Eltern nach Argentinien ausgewandert.

Hans Fain.
Paßfoto von 1938.

Frieda Fain.
Kennkartenfoto um 1939.

Familie Kadden (Haunes/Hohnes), Haus Nr. 42

Hermann Kadden wurde am 9.3.1886 in Josbach geboren. Er war der Ehemann von Berta Isenberg. Von Beruf war er Händler für Manufakturwaren, übte aber für die Gemeinde auch das Amt des Schächters aus. Am 8.12.1941 wurde er von Josbach ins Ghetto Riga deportiert. Hermann Kadden kehrte nicht wieder zurück. Umstände und Ort seiner Ermordung sind nicht bekannt.

Berta Kadden, geborene Isenberg, wurde am 14.7.1895 in Elmshausen geboren. Am 8.12.1941 deportierte man sie von Josbach ins Ghetto Riga, wo sich ihre Spur verliert. Umstände und Ort ihrer Ermordung sind nicht bekannt.

Heinz Kadden wurde am 8.3.1921 in Josbach als Sohn von Berta und Hermann geboren. Er war Kaufmann. Am 30.10.1939 wanderte er in die USA aus.

Martha Kadden wurde als Tochter von Berta und Hermann am 18.8.1923 in Josbach geboren. Sie arbeitete als Hausangestellte in Marburg. Im Krieg wurde sie zu Zwangsarbeit bei Siemens in Berlin verpflichtet. Man deportierte Martha Kadden in das Konzentrationslager Birkenau/Auschwitz, von dort ins Konzentrationslager Ravensbrück. Nach ihrer Befreiung am 1.5.1945 wanderte sie in die USA aus.

Hermann Kadden.
Kennkartenfoto um 1939.

Berta Kadden.
Kennkartenfoto um 1939.

Edith Senda Kadden wurde am 18.7.1926 in Josbach als Tochter von Berta und Hermann geboren. Am 8.12.1941 deportierte man sie zusammen mit ihren Eltern von Josbach ins Ghetto Riga, wo sich ihre Spur verliert. Umstände und Ort ihrer Ermordung sind nicht bekannt.

Heinz Kadden.
Kennkartenfoto um 1939.

Martha Kadden.
Kennkartenfoto um 1939.

Edith Senda Kadden.
Kennkartenfoto um 1939.

Familie Kadden, Haus Nr. 55

Isaak Kadden wurde am 3.11.1852 geboren. Er verstarb am 20.12.1931 in Josbach.

Meda Kadden wurde am 31.8.1891 in Josbach als Tochter von Isaak geboren. Sie betrieb ein Eisenwarengeschäft. Am 8. Dezember 1941 wurde Meda Kadden von Josbach ins Ghetto Riga deportiert. Umstände und Ort ihrer Ermordung sind nicht bekannt. Ihr Todesdatum wird mit dem 12.12.1944 angegeben.

Klemmi Edelmuth wurde am 11.1.1913 wahrscheinlich in Josbach geboren. Sie war eine Verwandte von Isaak und Meda und von Beruf Hausangestellte. Am 30.5.1937 wanderte sie in die USA aus.

Meda Kadden.
Kennkartenfoto um 1939.

Familie Katten (Sors), Haus Nr. 25

Sally Katten wurde am 19.1.1874 geboren. Er war mit Jettchen Goldschmidt verheiratet und von Beruf Viehhändler. Am 14.5.1937 ist er in die USA ausgewandert.

Jettchen Katten, geborene Goldschmidt, wurde am 29.5.1880 geboren. Sie betrieb ein Lebensmittelgeschäft. Am 14.5.1937 wanderte sie in die USA aus.

Albert Katten war der Sohn von Jettchen und Sally. Er ist schon vor 1936 von Josbach weggezogen.

Ilse Katten war die Tochter von Jettchen und Sally. Sie zog vor 1936 von Josbach weg.

Siddi Katten wurde am 6. Januar 1920 als Tochter von Jettchen und Sally geboren. Sie ist am 14. Mai 1937 in die USA ausgewandert.

Familie Steinfeld, Haus Nr. 19

Adolf Steinfeld wurde am 20.11.1855 geboren. Er war der Bruder von Salomon Steinfeld und der Ehemann von Paula Katten. Am 24.3.1929 verstarb er in Josbach.

Paula Steinfeld geborene Katten, wurde am 12.4.1890 in Josbach geboren. Sie verkaufte Manufakturwaren und Schuhe. Von Josbach wurde sie am 8.12.1941 ins Ghetto Riga deportiert. Paula Steinfeld ist am 30.12.1944 im Konzentrationslager Stutthof umgekommen.

Irma Jettchen Steinfeld wurde am 21. März 1923 in Josbach als Tochter von Paula und Adolf geboren. Sie arbeitete als Hausangestellte. Am 8.12.1941 ist sie von Josbach ins Ghetto Riga deportiert worden. Ihre Spur verliert sich im Konzentrationslager Stutthof. Die Umstände ihrer Ermordung sind nicht bekannt.

Paula Steinfeld.
Kennkartenfoto um 1939.

Irma Jettchen Steinfeld.
Kennkartenfoto um 1939.

Manfred Steinfeld wurde als Sohn von Paula und Adolf am 29.4.1923 in Josbach geboren. Er wanderte am 12.7.1938 in die USA aus.

Herbert Steinfeld wurde am 4.10.1926 in Josbach als Sohn von Paula und Adolf geboren. Er zog am 13.2.1939 nach Frankfurt.

Johanna Steinfeld, geborene Katzenstein, wurde am 1.7.1861 in Frankenau geboren. Am 18.9.1939 zog sie nach Frankfurt. Johanna Steinfeld ist dort im Oktober 1939 gestorben.

Herbert Steinfeld.
Kennkartenfoto um 1939.

Manfred Steinfeld.
Paßfoto von 1938.

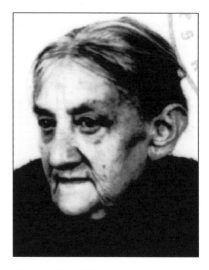

Johanna Steinfeld.
Kennkartenfoto um 1939.

Familie Steinfeld (Meiers), Haus Nr. 67

Salomon (Salli) Steinfeld wurde 14.4.1887 in Josbach geboren. Er war der Ehemann von Rosalie Levi. Sein Beruf war Kaufmann und Viehhändler. Am 8.9.1938 wanderte er mit seiner Familie in die USA aus.

Rosalie Steinfeld, geborene Levi, wurde am 30.9.1894 in Katzenfurt geboren. Sie betrieb ein Eisenwarengeschäft. Am 8. September 1938 ist sie in die USA ausgewandert.

Martin Steinfeld wurde am 28.5.1921 in Josbach als Sohn von Rosalie und Salomon geboren. Er wanderte am 8.9.1938 mit seinen Eltern in die USA aus.

Trude Steinfeld wurde am 6.9.1923 in Josbach als Tochter von Rosalie und Salomon geboren. Sie wanderte am 8.9.1938 mit ihren Eltern in die USA aus.

Herz Levi wurde am 11.1.1860 in Katzenfurt geboren. Er war der Vater von Rosalie Steinfeld. Am 8.9.1938 zog er nach Katzenfurt bzw. Ehringshausen/Kreis Wetzlar. Sein Schicksal ist nicht bekannt.

Salomon Steinfeld.
Paßfoto von 1938.

Rosalie Steinfeld.
Paßfoto von 1938.

Familie Abt, Briesselstraße 3

Joseph Abt wurde am 10.6.1869 in Angenrod geboren. Er war Schafhändler von Beruf. In zweiter Ehe heiratete er Marie Weider, mit der er zwei Kinder hatte. Sie war keine Jüdin. Joseph Abt verstarb am 20.5.1953 in Kirchhain.

Berta Abt, geborene Stern, wurde am 16. November 1866 geboren. Sie war die erste Ehefrau von Joseph. Am 30.6.1926 ist sie in Kirchhain gestorben.

Ludwig Abt wurde am 21.4.1904 in Kirchhain als Sohn von Berta und Joseph geboren. Am 6.9.1942 wurde er von Kirchhain ins Ghetto Theresienstadt deportiert. Dort ist Ludwig Abt am 7.8.1943 umgekommen.

Toni Abt, verheiratete Rudolph, wurde am 15.1.1898 als Tochter von Berta und Joseph in Kirchhain geboren. Sie ist vor 1936 nach Gießen verzogen. Am 18.8.1942 deportierte man sie ins Konzentrationslager Auschwitz. Toni Abt kam dort um.

Ludwig Abt.
Kennkartenfoto um 1939.

Toni Abt.
Kennkartenfoto um 1939.

Adler, Römerstraße 503

Thekla Adler wurde am 16.5.1891 in Niederklein geboren. Am 8.12.1941 deportierte man sie von Kirchhain ins Ghetto Riga. Thekla Adler kehrte nicht wieder zurück. Umstände und Ort ihrer Ermordung sind nicht bekannt.

Familie Baer, Borngasse 246,
später bei Familie Kaufmann, Briesselstraße 308

Adolf Baer wurde am 25.7.1870 in Offenbach geboren. Er war Ehemann von Sophie Rothschild. Von Beruf war er Kaufmann. Er handelte mit Manufakturwaren. Adolf Baer ist am 16.10.1938 in die USA ausgewandert.

Sophie Baer, geborene Rothschild, wurde am 26.9.1867 geboren. Sie verstarb am 22. März 1928 in Kirchhain.

Familie Bachenheimer, Schefferstraße 455 (490?)

Emanuel Bachenheimer wurde am 12. Februar1871 in Holzhausen geboren. Er war der Ehemann von Ida Rosenbusch und von Beruf Viehhändler. Am 16.6.1938 wanderte Emanuel Bachenheimer in die USA aus.

Ida Bachenheimer, geborene Rosenbusch, wurde in Borken am 26.8.1879 geboren. Sie wanderte ebenfalls am 16.6.1938 in die USA aus.

Herbert Bachenheimer wurde am 13. Februar1904 in Holzhausen als Sohn von Ida und Emanuel geboren. Er war Händler von Beruf. Zusammen mit seiner Frau Margarethe Wertheim/Kirchhain (s.a. Wertheim) wanderte er am 22.7.1936 in die USA aus.

Familie Blumenfeld, Briesselstraße 272

Moritz Blumenfeld wurde am 18.6.1866 geboren. Er war der Ehemann von Blanka Bauer. Am 20.1.1932 ist er in Kirchhain gestorben.

Blanka Blumenfeld, geborene Bauer, wurde am 9.5.1868 geboren. Am 17.1.1909 verstarb sie in Kirchhain.

Gerda Blumenfeld wurde am 16.8.1896 als Tochter von Blanka und Moritz geboren. Sie ist am 2.2.1934 in die USA ausgewandert.

Flora Blumenfeld wurde als Tochter von Blanka und Moritz am 9.6.1898 geboren. Um 1936/37 zog sie von Kirchhain weg.

Gustav Blumenfeld wurde am 5.1.1900 als Sohn Blanka und Moritz geboren. Er besaß ein Geschäft für landwirtschaftliche Maschinen und Geräte. Am 1.7.1937 ist er in die USA ausgewandert.

Paula Blumenfeld, geborene Blum, wurde am 7.3.1901 in Mellrichstadt/Unterfranken geboren. Zusammen mit ihrem Ehemann Gustav ist sie am 1.7.1937 in die USA ausgewandert.

Rickchen Blumenfeld, geborene Plaut, wurde am 20.2.1876 in Frielendorf geboren. Vermutlich war sie die zweite Ehefrau von Moritz. Am 27.11.1937 wanderte sie nach Argentinien aus.

Alfred Blumenfeld wurde am 2.8.1912 als Sohn von Rickchen und Moritz geboren. Bekannt ist nur, daß er am 11.11.1933 nach Frankfurt zog.

Berta Blumenfeld wurde am 27.12.1868 geboren. Sie war die Schwester von Moritz. Am 1.7.1937 wanderte sie in die USA aus.

Familie Blumenfeld, Borngasse 264

Salomon Blumenfeld wurde am 30.5.1878 in Kirchhain geboren. Er war der Ehemann von Amalie Levi. Salomon Blumenfeld hatte ein Geschäft für Textilwaren. Am 7.3.1939 ist er nach Brasilien ausgewandert.

Amalie Blumenfeld, geborene Levi, wurde am 28.7.1883 in Rhina geboren. Sie ist ebenfalls am 7.3.1939 nach Brasilien ausgewandert.

Gretel Blumenfeld, verheiratete Katz, wurde am 1.7.1906 als Tochter von Amalie und Salomon in Kirchhain geboren. Sie ist schon vor 1936 von Kirchhain weggezogen.

Jenny Blumenfeld, verheiratete Warburg, wurde am 23.6.1907 in Kirchhain als Tochter von Amalie und Salomon geboren. Am 25.7.1933 zog sie nach Lüneburg. 1935 lebte Jenny Blumenfeld in London, wo sie auf ihre Auswanderung nach Palästina wartete. Wahrscheinlich gelang es ihr noch im gleichen Jahr, dorthin auszuwandern.

Hilde Blumenfeld, verheiratete Meinrath, wurde am 9.6.1911 in Kirchhain als Tochter von Amalie und Salomon geboren. Sie ist nach Brasilien ausgewandert.

Salomon Blumenfeld.
Kennkartenfoto um 1939.

Familie Grünebaum, Borngasse 153

Adolf Grünebaum wurde am 3.12.1870 in Neukirchen geboren. Er war der Ehemann von Rosalie Stern. Am 10.9.1937 zog er von Neukirchen nach Kirchhain und am 10.7.1939 nach Frankfurt. Adolf Grünebaum ist von dort deportiert worden und am 6.10.1942 im Ghetto Theresienstadt umgekommen.

Rosalie Grünebaum, geborene Stern, wurde am 19. August 1875 in Leusel/Kreis Alsfeld geboren. Sie zog am 10. September 1937 von Neukirchen nach Kirchhain. Am 10.7.1939 zog sie weiter nach Frankfurt, von wo aus sie dann deportiert worden ist. Rosalie Grünebaum ist am 8. Juli 1943 im Ghetto Theresienstadt umgekommen.

Max Grünebaum wurde am 16.7.1902 in Neukirchen geboren. Von Beruf war er Kaufmann. Am 10.9.1937 zog er von Neukirchen nach Kirchhain. Am 30.6.1938 ist er in die USA ausgewandert.

Thea Grünebaum, verheiratete Plaut (s.a. Sammy Plaut, Kirchhain), wurde am 10.6.1913 in Neukirchen geboren. Sie zog am 10.September 1937 von Neukirchen nach Kirchhain. Am 15.5.1939 emigrierte Thea Grünebaum nach England, von wo aus sie in die USA auswanderte.

Familie Haas, Niederrheinische Straße 262

Jacob Haas wurde in Mardorf am 30.7.1880 geboren. Der Ehemann von Lina Adler war von Beruf Schuhmacher, arbeitete aber als Viehhändler. Am 26.4.1941 wurde er wegen "Verbindung zu deutschen Volksgenossen" festgenommen und ins Gerichtsgefängnis Marburg gebracht. Von dort kam er am 19.5.1941 ins Zwangsarbeiterlager Breitenau. Die Tatsache, daß Jakob Haas als einziger gelernter Schuhmacher dort benötigt wurde, führte dazu, daß er nicht in ein anderes Konzentrationslager transportiert wurde. Am 28. Juli 1941 entlassen, wurde er am 8.12.1941 von Kirchhain ins Ghetto Riga deportiert. Jacob Haas kehrte nicht zurück. Er starb am 3.8.1944 im Konzentrationslager Stutthof. Die Umstände seiner Ermordung sind nicht bekannt.

Lina Haas, geborene Adler, wurde am 10.2.1885 in Niedenstein geboren. Sie betrieb ein Schuhgeschäft. Am 8.12.1941 ist sie von Kirchhain ins Ghetto Riga deportiert worden, wo sich ihre Spur verliert. Die Umstände ihrer Ermordung sind nicht bekannt.

Sophie Haas wurde am 20.12.1912 in Kirchhain als Tochter von Lina und Jacob geboren. Sie arbeitete als Angestellte. Am 4.3.1934 zog sie nach Brüssel, von wo aus sie Ende 1938 in die USA auswanderte.

*Jakob Haas.
Kennkartenfoto um 1939.*

Max Haas wurde am 13.1.1914 in Kirchhain als Sohn von Lina und Jacob geboren. Nach dem Abitur 1934 nahm er eine Stelle als Handelsvertreter in Neustadt/Oberschlesien an. Am 4.8.1938 zog er wieder nach Kirchhain zurück. In der Pogromnacht ist Max Haas aus Kirchhain geflüchtet und auf dem Umweg über Kuba in die USA ausgewandert.

Familie Hanauer, Blaue Pfütze 393

Minna Hanauer, geborene Weinberg, wurde am 31. Oktober 1885 in Lichenroth geboren. Im Jahre 1938 ist sie ausgewandert.

Walter Hanauer wurde am 6.2.1915 in Nassau geboren. Er war der Sohn von Minna. Am 19.8.1938 ist er in die USA ausgewandert.

Familie Heching, Adolf-Hitler-Straße 386 *(Bahnhofstraße)*

Meier Heching wurde am 22.7.1874 geboren. Der Ehemann von Berta Wallach war von Beruf Pferdehändler. Am 23. Juni 1935 verstarb er in Kirchhain.

Berta Heching, geborene Wallach, wurde am 30.9.1881 in Oberaula geboren. Am 2.8.1940 zog sie nach Trier.

Hermann Heching wurde am 20.1.1907 in Kirchhain als Sohn von Berta und Meier geboren. Er ist am 29.11.1938 nach Panama ausgewandert.

Selma Heching war die Tochter von Berta und Meier. Sie zog vor 1936 von Kirchhain weg.

Harri Heching war der jüngste Sohn von Berta und Meier. Er ist ebenfalls vor 1936 weggezogen.

Margot Heching wurde am 25.12.1916 in Marburg geboren. Soweit bekannt war sie keine Tochter von Berta und Meier. Am 1.8.1940 zog sie nach Trier.

Jacob Heching wurde 24.10.1854 geboren. Er arbeitete bei seinem Bruder Meier. Am 14.3.1931 verstarb er in Kirchhain.

Selma Heching.
Foto: Privatbesitz

Margot Heching.
Kennkartenfoto um 1939.

Familie Heilbrunn, Niederrheinische Straße 359

Moses Heilbrunn wurde am 28.7.1873 in Oberaula geboren. Er war mit Sara Haas verheiratet und von Beruf Viehhändler. Am 3.2.1940 ist er in die USA ausgewandert.

Sara Heilbrunn, geborene Haas, wurde am 6.9.1877 in Mardorf geboren. Sie wanderte ebenfalls am 3.2.1940 in die USA aus.

Max Heilbrunn wurde am 5.4.1903 geboren. Er war der Sohn von Sara und Moses und mit Erna Grünebaum aus Neukirchen verheiratet. Von Beruf war er Kaufmann. 1921 zog er nach Mönchengladbach, von wo er am 6.9.1937 wieder zurück nach Kirchhain kam. Max Heilbrunn ist am 4.10.1937 in die USA ausgewandert.

Erich Emanuel Heilbrunn wurde am 16.10.1904 in Kirchhain als Sohn von Sara und Moses geboren. Der Ehemann von Bella war von Beruf Viehhändler. Er führte zusammen mit seinem Vater das Geschäft der Familie. Im September 1938 wanderte er in die USA aus.

Bella Heilbrunn, geborene Goldmeier, wurde am 30.7.1906 in Niederaula geboren. Sie ist ebenfalls im September 1938 in die USA ausgewandert.

Erich Heilbrunn wurde am 29.4.1935 als

Sara Heilbrunn.
Kennkartenfoto um 1939.

Sohn von Bella und Erich in Kirchhain geboren. Er ist zusammen mit seinen Eltern in die USA ausgewandert.

Ruth Heilbrunn wurde am 28.3.1930 geboren. Es ist nur bekannt, daß sie zuletzt in Frankfurt wohnte. Am 24.9.1942 wurde sie von dort aus deportiert. Ruth Heilbrunn kehrte nicht wieder zurück. Umstände und Ort ihrer Ermordung sind nicht bekannt.

Familie Isaak, Erfurterstraße 183

Isidor Isaak wurde am 21.2.1895 in Oberkleen/KreisWetzlar geboren. Er war der Ehemann von Paula Katten und von Beruf Viehhändler. Am 23.1.1937 wanderte er in die USA aus.

Paula Isaak, geborene Katten, wurde am 24.3.1898 in Kirchhain geboren. Sie ist ebenfalls am 23.1.1937 in die USA ausgewandert.

Familie Jakob, Brückenstraße 388

Hermann Jakob wurde am 21.8.1879 in Rüddingshausen geboren. Er war der Bruder von Leopold Jakob und mit Rickchen Hattenbach verheiratet. Von Beruf war Hermann Jakob Kaufmann. Am 10.1.1932 verstarb er in Kirchhain.

Rickchen Jakob, geborene Hattenbach, wurde am 17.9.1884 geboren. Sie ist am 5.8.1935 in Kirchhain gestorben.

Else Spier, geborene Jakob, wurde am 20.11.1908 als Tochter von Rickchen und Hermann geboren. Am 22.6.1934 zog sie nach Neukirchen/Kreis Ziegenhain.

Bella Liesel Jakob wurde am 20.11.1912 als Tochter von Rickchen und Hermann geboren. Sie ist am 22.6.1934 nach Frankreich ausgewandert.

Ernst Jakob wurde am 12.8.1918 als Sohn von Rickchen und Hermann geboren. Er zog am 5.4.1934 nach Frankfurt.

Familie Jakob, Hindenburgstraße 372

Leopold Jakob wurde am 2.3.1884 in Rüddingshausen geboren. Hermann Jakob war sein Bruder. Leopold Jakob war verheiratet mit Gida Stein. Er betrieb das Getreide- und Futtermittelgeschäft "Gerson Jakob". Am 4.6.1939 ist er in die USA ausgewandert.

Gida Jakob, geborene Stein, wurde am 16.5.1887 in Reichensachsen geboren. Sie ist am 4.6.1939 in die USA ausgewandert.

Julius Jakob wurde am 16.12.1912 in Kirchhain als Sohn von Gida und Leopold geboren. Von Beruf war er Getreide- und Futtermittelhändler. Am 25.8.1937 wanderte er in die USA aus.

Frieda Fröhlich wurde am 29. Dezember1892 in Ulrichstein geboren. Vermutlich war sie Angestellte bei der Familie Jacob. Am 24. Dezember 1938 zog sie nach Köln.

Familie Katten, Markt 21/22

Meier Katten I wurde am 27.12.1862 in Halsdorf geboren. Er war der Ehemann von Rahel Schaumberg und 1933 bereits Rentner. Am 23.10.1938 verstarb er in Kirchhain.

Rahel Katten, geborene Schaumberg, wurde am 30.9.1870 in Schweinsberg geboren. Sie zog 1929 von Halsdorf nach Kirchhain. Am 31.7.1939 emigrierte Rahel Katten zunächst nach England, von wo aus sie 1940 in die USA auswandern konnte.

Emil Katten wurde am 8. Juni 1897 in Halsdorf geboren. Er war der Sohn von Rahel und Meier und der Ehemann von Erna Ziegelstein. Zusammen mit seinem Bruder Adolf hatte er ein Geschäft für Manufakturwaren, Möbel und Landestrachten. 1929 ging er mit seiner Frau von Halsdorf nach Kirchhain. Am 31.7.1939 zog Emil Katten nach England, um 1940 von dort aus in die USA auszuwandern.

Erna Katten, geborene Ziegelstein, wurde am 24.6.1909 in Sterzhausen geboren. 1929 zog sie von Halsdorf nach Kirchhain. Am 31.7.1939 verließ sie Deutschland Richtung England. Auch Erna Katten ist 1940 von dort in die USA ausgewandert.

Inge Marianne Miriam Katten wurde am 29.6.1933 als Tochter von Erna und Emil in Marburg geboren. Am 31.7.1939 wanderte sie zusammen mit ihren Eltern nach England aus.

Adolf Katten wurde am 21.4.1906 in Halsdorf als Sohn von Rahel und Meier geboren. Zusammen mit seinem Bruder Emil betrieb er ein Geschäft für Manufakturwaren, Möbel und Landestrachten. 1929

Rahel Katten.
Kennkartenfoto um 1939.

Emil Katten.
Kennkartenfoto um 1939.

zog er von Halsdorf nach Kirchhain. Am 22.8.1935 wanderte Adolf Katten in die USA aus.

Günther Stern wurde am 30.8.1915 in Ziegenhain geboren. Er war kaufmännischer Angestellter bei Familie Katten. Am 10.7.1936 zog er von Ziegenhain nach Kirchhain. Günther Stern wanderte am 12.5.1937 nach Amerika aus.

Fritz Katten wurde am 29.1.1914 als Sohn von Salomon vermutlich in Halsdorf geboren. Am 29.3.1934 zog er von Kirchhain nach Halsdorf, das er vor 1936 wieder verließ (s.a. Halsdorf).

Julius Kanter wurde am 25.1.1908 in Neustadt geboren. Er war kaufmännischer Handlungsgehilfe bei Kattens. Am 4. Oktober 1932 kam er von Neustadt aus nach Kirchhain. 1938 zog er von dort wieder fort.

Max Goldwerger wurde am 13.3.1915 geboren. Er war Angestellter bei Kattens. Am 2.2.1933 verzog er nach Bochum.

Heinz Bergenstein wurde am 4.9.1922 in Lohra geboren. Er war kaufmännischer Lehrling bei Kattens. Am 6.1.1939 zog er nach Roth (s.a. Roth).

Erna Katten.
Kennkartenfoto um 1939.

Familie Katz, Adolf-Hitler-Straße 214 *(Bahnhofstraße)*

Jettchen Katz, geborene Haas, wurde am 31.7.1883 in Mardorf geboren. Sie zog am 11.7.1939 nach Frankfurt.

Thekla Katz wurde am 29.8.1908 geboren. Sie war eine Tochter von Jettchen. Am 11.7.1934 zog sie von Hilchenbach nach Kirchhain und von dort am 5.9.1935 weiter nach Hamburg. Von Hannover aus wurde Thekla Katz ins Ghetto Riga deportiert, wo sich ihre Spur verliert. Die Umstände ihrer Ermordung sind nicht bekannt.

Senta Katz wurde um 1912 als Tochter von Jettchen geboren. Sie zog noch vor 1936 von Kirchhain weg.

Max Katz wurde am 15.5.1920 geboren. Er war der einzige Sohn von Jettchen. Am 27.7.1936 zog er nach Cuxhaven. Max Katz beging am 6.5.1941 in Berlin Selbstmord.

Jettchen Katz.
Kennkartenfoto um 1939.

Familie Kaufmann, Briesselstraße 308

David Kaufmann wurde am 16.10.1879 in Kirtorf geboren. Er war der Ehemann von Helene Rothschild. David Kaufmann lebte vom Viehhandel. Im November 1938 verschleppte man ihn ins Konzentrationslager Buchenwald. David Kaufmann ist dort am 3.12.1938 umgekommen.

Helene Kaufmann geborene Rothschild, wurde am 31.8.1890 in Kirchhain geboren. Sie ist am 8.4.1940 in die USA ausgewandert.

Kurt Kaufmann wurde am 24.5.1913 als Sohn von Helene und David in Kirtorf geboren. Am 29.12.1937 wanderte er in die USA aus.

Helene Kaufmann.
Kennkartenfoto um 1939.

Familie Kugelmann, Briesselstraße 7

Wolf Kugelmann wurde am 7.3.1853 in Wohra geboren. Er war mit Sara Stern verheiratet. Am 21.5.1938 verstarb Wolf Kugelmann in Kirchhain.

Sara Kugelmann, geborene Stern, wurde am 20.6.1856 geboren. Am 8.2.1935 verstarb sie in Kirchhain.

Jenny Kugelmann, geborene Goldschmidt, wurde am 20.9.1894 geboren. Am 17.1.1935 zog sie nach Frankfurt, von wo aus man sie später deportierte. Jenny Kugelmanns Spur verliert sich in Minsk. Die Umstände ihrer Ermordung sind nicht bekannt.

Familie Lomnitz, Briesselstraße 273

Siegmund Lomnitz wurde am 6.11.1874 in Bischhausen geboren. Er war der Ehemann von Berta und von Beruf Kaufmann. Er handelte mit Landesprodukten. Am 22.5.1939 zog er nach Bad Nauheim. Siegmund Lomnitz ist von Frankfurt aus deportiert worden und am 13.1.1943 im Ghetto Lodz umgekommen.

Berta Lomnitz, geborene Isenberg, wurde am 20.2.1880 in Kirchhain geboren. In den Kennkartenunterlagen wird als Geburtsname Stern angegeben. Sie zog am 22. Mai 1939 nach Bad Nauheim. Sie wurde ebenfalls von Frankfurt aus deportiert. Berta Lomnitz ist am 10.5.1942 im Ghetto Lodz umgekommen.

Else Lomnitz, verheiratete Straus, wurde am 20.9.1906 als Tochter von Berta und Siegmund in Kirchhain geboren. Sie war in Bad Nauheim mit Alex Straus verheiratet, der am 28.6.1939 Selbstmord beging. Am 12.8.1940 wanderte Else Lomnitz in die USA aus.

Siegfried Lomnitz wurde am 18.1.1910 als Sohn von Berta und Siegmund geboren. Von Beruf war er Kaufmann. Am 11.11.1936 wanderte er in die USA aus.

Jeanette Lomnitz wurde am 25.3.1860 in Eschwege geboren. Sie ist um 1936/37 nach Kirchhain zugezogen. Laut Meldekartei ging sie im Juni 1939 nach England.

Berta Isenberg, geborene Katten wurde am 18.12.1861 in Josbach geboren. Sie war

Berta Isenberg.
Kennkartenfoto um 1939.

die Mutter von Minna Ziegelstein und Berta Lomnitz. Am 5.8.1936 zog sie von Sterzhausen nach Kirchhain und am 7.7.1941 nach Frankfurt, wahrscheinlich in ein jüdisches Altersheim. Von dort wurde sie deportiert. Berta Isenbergs Spur verliert sich in Minsk. Die Umstände ihrer Ermordung sind nicht bekannt.

Sally Ziegelstein wurde am 2.1.1881 in Treis/Lumda geboren. Am 15.6.1936 zog er zusammen mit seiner Frau Minna von Sterzhausen nach Kirchhain zu der Familie Lomnitz. Von hier deportierte man ihn am 8.12.1941 ins Ghetto Riga. Sally Ziegelstein kehrte nicht zurück. Umstände und Ort seiner Ermordung sind nicht bekannt.

Minna Ziegelstein, geborene Isenberg, wurde am 5.9.1885 in Sterzhausen als Tochter von Berta geboren. Sie zog am 15.6.1936 von Sterzhausen nach Kirchhain, von wo aus sie am 8.12.1941 ins Ghetto Riga deportiert wurde. Minna Ziegelstein kehrte nicht wieder zurück. Umstände und Ort ihrer Ermordung sind nicht bekannt.

Familie Mayerfeld, Römerstraße 525

Markus Mayerfeld wurde am 12.3.1880 in Kirtorf geboren. Er war der Ehemann von Bella. Markus Mayerfeld besaß eine Futtermittelhandlung. Am 17.3.37 zog er nach Kassel. Von dort ist er weiter nach Berlin gezogen, wo es ihm gelang, versteckt zu überleben. Am 9.6.1945 kam Markus Mayerfeld von Beneckenstein/Harz zurück nach Kirchhain. Danach wanderte er in die USA aus.

Bella Mayerfeld, geborene Moses, wurde am 24.12.1902 in Frielendorf geboren. Bella Mayerfeld betrieb ein Damenhutgeschäft. Sie zog nach Kassel und von dort nach Berlin. Sie mußte als Zwangsarbeiterin bei der Firma Osram arbeiten. Auch Bella Mayerfeld konnte vor ihrer Deportation untertauchen und in einem Versteck überleben. Am 9.6.1945 kam sie von Beneckenstein/Harz zurück nach Kirchhain und wanderte dann in die USA aus.

Horst Mayerfeld wurde am 20.9.1926 als Sohn von Bella und Markus geboren. Am 17.6.1935 schickten die Eltern den neunjährigen Schüler nach Merzig, danach zog er nach Kassel. Von seinem weiteren Schicksal ist nur bekannt, daß er überlebte und 1946 in die französische Armee eintrat.

Alfred Mayerfeld wurde am 29.12.1928 in Kirchhain als Sohn von Bella und Markus geboren. Zusammen mit den Eltern zog er nach Kassel und von dort nach Berlin. Er konnte versteckt überleben. Am 9. Juni 1945 kam Alfred Mayerfeld mit den Eltern von Beneckenstein/Harz zurück nach Kirchhain und wanderte dann in die USA aus.

Familie Moses, Römerstraße 525

Juda Moses wurde am 8.5.1869 in Frielendorf geboren. Er war der Ehemann von Friederike Stern. Am 14.7.1935 verstarb er in Kirchhain.

Friederike Moses geborene Stern, wurde am 6.10.1871 in Ziegenhain geboren. Am 17.3.1937 zog sie nach Kassel. Sie wurde später von dort deportiert. Friederike Moses Spur verliert sich in Minsk. Die Umstände ihrer Ermordung sind nicht bekannt.

Felix Moses wurde am 8.4.1906 als Sohn von Friederike und Juda geboren. Er ist am 8.2.1934 in die USA ausgewandert.

Lotte Moses wurde am 13.12.1908 geboren. Sie ist vermutlich die Ehefrau von Felix. Am 8.2.1934 wanderte sie ebenfalls in die USA aus.

Heinz Moses wurde am 21.6.1930 geboren. Vermutlich ist er der Sohn von Lotte und Felix. Er ist am 8.2.1934 mit in die USA ausgewandert.

Familie Nußbaum, Untergasse 91 ½

Siegmund Nußbaum wurde am 12.7.1886 geboren. Er war der Ehemann von Rosa Silberberg und von Beruf Viehhändler. Schon am 5.7.1933 ist er in die USA ausgewandert.

Rosa Nußbaum, geborene Silberberg, wurde am 24.8.1889 geboren. Am 5.7.1933 wanderte sie in die USA aus.

Selda Nußbaum wurde am 5.2.1920 als Tochter von Rosa und Siegmund geboren. Sie wanderte mit den Eltern am 5.7.1933 in die USA aus.

Fritz Nußbaum wurde am 10.5.1921 als Sohn von Rosa und Siegmund geboren. Auch er ist am 5.7.1933 in die USA ausgewandert.

Familie Plaut, Briesselstraße 224

Adolf Plaut wurde am 15.6.1883 in Kirchhain geboren. Er war der Ehemann von Bella Jonas. Zusammen mit seinem Bruder Julius war der Kaufmann Mitinhaber des Warenhauses "Levi Plaut". Am 7. November 1936 zog er nach Frankfurt. Am 28.1.1939 wanderte Adolf Plaut nach England aus.

Bella Plaut, geborene Jonas, wurde am 11.2.1892 in Gladenbach geboren. Sie zog am 7.11.1936 nach Frankfurt. Am 28.1.1939 ist sie nach England ausgewandert.

Manfred Plaut wurde 1912 geboren. Er war ein Sohn von Bella und Adolf. Noch vor 1936 zog er aus Kirchhain fort.

Fritz Plaut wurde am 5.1.1922 als Sohn von Bella und Adolf in Marburg geboren. Am 24.9.1935 zog er nach Halingen und am 7.11.1936 von dort nach Frankfurt.

Hermann Plaut wurde am 15.12.1909 in Niederaula geboren. Er war Verkäufer. Am 1.8.1938 zog er von Lüdge/Kreis Höxter nach Kirchhain und von dort am 23. Januar 1939 nach Niederaula/Kreis Hersfeld. Er ist nach Serbien ausgewandert.

Grete Speier wurde am 20.4.1920 geboren. Sie war Hausangestellte bei Plauts und zog am 1.3.1937 nach Hoof bei Kassel.

Martin Isaak wurde am 8.1.1920 in Oberaula geboren. Er war Lehrling bei Plauts. Am 13.7.1936 zog er von Oberaula nach Kirchhain und am 24.4.1939 wieder dorthin zurück.

Ludwig Bachenheimer wurde am 15. April 1922 in Rauschenberg geboren. Er war kaufmännischer Lehrling bei Plauts. Er zog am 23.6.1936 nach Kirchhain und von hier am 1. Oktober 1937 zurück nach

Rauschenberg. Am 22.4.1939 wanderte er in die USA aus (s.a. Rauschenberg).

Hella Levi, geborene Steinemann, wurde am 1.4.1902 in Gemünden geboren. Sie zog am 22.6.1937 von Frankfurt nach Kirchhain. Am 16.10.1939 zog sie nach Gemünden/Wohra und später von dort weiter nach Frankfurt, von wo sie deportiert wurde. Hella Levis Spur verliert sich in Minsk. Die Umstände ihrer Ermordung sind nicht bekannt.

Hannelore Hella Levi wurde am 2.10.1924 in Gemünden/Wohra geboren. Am 8. Dezember 1938 zog sie von Fulda nach Kirchhain, am 14.6.1939 weiter nach Frankfurt. Hannelore Levi ist deportiert worden. Ihre Spur verliert sich in Minsk. Die Umstände ihrer Ermordung sind nicht bekannt.

Familie Plaut, Am Gipshaus 403 *(Steinweg 4)*

Julius Plaut wurde am 12.9.1885 in Kirchhain geboren. Er war mit Selma Moses verheiratet. Er war zusammen mit seinem Bruder Adolf Inhaber des Warenhauses "Levi Plaut", das 1935 trotz "erheblichem Rückgang" außer Familienangehörigen noch acht Angestellte beschäftigte. Am 21.6.1939 zog er nach England, von wo aus er am 17.12.1939 in die USA auswanderte.

Selma Plaut, geborene Moses, wurde am 22.10.1896 in Braunfels geboren. Sie zog ebenfalls am 21.6.1939 nach England und wanderte von dort am 17.12.1939 in die USA aus.

Helga Plaut wurde am 28.8.1920 als Tochter von Selma und Julius in Marburg geboren. Sie ist im Februar 1938 in die USA ausgewandert.

Levi Plaut wurde am 17.12.1851 geboren. Er war der Vater von Julius und Adolf. Am 14.3.1935 ist er in Kirchhain gestorben.

Johanna Cahn wurde am 28.8.1918 in

Julius Plaut.
Kennkartenfoto um 1939.

Oberkleen geboren. Sie war Hausangestellte bei Familie Plaut. Am 21.4.1939 zog sie zurück nach Oberkleen.

Familie Plaut, Briesselstraße 218

Michael Plaut wurde am 9.6.1872 in Rauschenberg geboren. Er war der Ehemann von Ida Baumblatt. Von Beruf war er Metzger. Am 31.3.1938 wanderte er in die USA aus.

Ida Plaut, geborene Baumblatt, wurde am 2.12.1871 in Teilheim geboren. Sie verstarb am 11.4.1937 in Kirchhain.

Max Plaut wurde am 1.1.1901 als Sohn von Ida und Michael in Rauschenberg geboren. Er war mit Therese Katzenstein verheiratet und Metzger und Viehhändler. Im November 1935 emigrierte er nach Frankreich. Max Plaut ist dann weiter nach Palästina ausgewandert.

Therese Plaut, geborene Katzenstein, wurde am 30.8.1905 in Frankenau geboren. Sie zog im November 1935 nach Frankreich und ist dann nach Palästina ausgewandert.

Manfred Plaut wurde am 21. November 1930 als Sohn von Therese und Max geboren. Im November 1935 zog er mit den Eltern nach Frankreich und von dort weiter nach Palästina.

Heinz Martin Plaut wurde am 28. März 1935 als Sohn von Therese und Max in Kirchhain geboren. Im November 1935 kam er mit seinen Eltern nach Frankreich und dann weiter nach Palästina.

Familie Plaut, Niederrheinische Straße 147 ½

Semmy Plaut wurde am 5.8.1910 in Abterode geboren. Er war der Ehemann von Thea Grünebaum. Von Beruf war er Lehrer. Am 8.3.1939 zog Semmy Plaut nach England. Von dort wanderte er in die USA aus.

Thea Plaut, geborene Grünebaum, wurde am 10.6.1913 in Neukirchen geboren. Am 10.9.1937 zog sie von Neukirchen nach Kirchhain. Am 15.5.1939 verließ Thea Plaut Deutschland Richtung England, von wo sie in die USA auswanderte.

Familie Rapp, Niederrheinische Straße 147 ½

Markus Rapp wurde am 18.7.1870 in Eiterfeld geboren. Er war mit Frieda Bachenheimer verheiratet. Von Beruf war er Lehrer. Daneben übte er das Amt des Schächters aus. Am 4.10.1934 zog er nach Frankfurt. Am 23.12.1936 ist er gestorben.

Frieda Rapp, geborene Bachenheimer, wurde am 5.11.1875 in Kirchhain geboren. Am 4.10.1934 zog sie nach Frankfurt. Frieda Rapp ist dann ausgewandert.

Sophie Rapp wurde am 29.4.1903 in Merzhausen als Tochter von Frieda und Markus geboren. Sie ist vor 1936 aus Kirchhain weggezogen.

Leo Rapp wurde am 30. Oktober 1906 als Sohn von Frieda und Markus geboren. Er ist ebenfalls vor 1936 weggezogen.

Ilse Rapp wurde am 17. August 1911 geboren. Wahrscheinlich war sie die Tochter von Frieda und Markus. Am 18. Dezember 1933 zog sie um nach Baden-Baden.

Frieda Rapp.
Kennkartenfoto um 1939.

Familie Rothschild, Hofackerstraße 158

Juda Rothschild wurde am 18.7.1865 in Erksdorf geboren. Er war der Ehemann von Frieda Schaumberg. Als Kaufmann handelte er mit Fellen und Därmen. Am 18.4.1939 zog er nach Frankfurt.

Frieda Rothschild, geborene Schaumberg, wurde am 31.8.1870 in Weilburg geboren. Sie zog ebenfalls am 18.4.1939 nach Frankfurt.

Felix Rothschild wurde am 23.8.1896 in Kirchhain als Sohn von Frieda und Juda geboren. Er war Kaufmann von Beruf. Am 30.1.1936 wanderte er nach Brasilien aus.

Else Wolf (Wolff), geborene Rothschild, wurde am 15.2.1904 als Tochter von Frie-

Juda Rothschild.
Kennkartenfoto um 1939.

da und Juda in Kirchhain geboren. Sie arbeitete als Stenotypistin in der Zigarrenfabrik. Am 16.2.1938 zog sie von Schneidemühl nach Kirchhain. Am 15. April 1939 wanderte Else Wolf in die USA aus.

Kurt Wolf (Wolff) wurde am 21.7.1897 in Jastrow geboren. Er war der Ehemann von Else Rothschild. Der Kaufmann arbeitete in der Firma J. Wolf, einer Zigarrenfabrik.

Er zog am 16.2.1938 von Schneidemühl nach Kirchhain. Am 21.2.1938 ist er in die USA ausgewandert.

Gerhard Wolf (Wolff) wurde am 18. Juni 1933 in Schneidemühl als Sohn von Else und Kurt geboren. Er zog am 16. Februar 1938 von Schneidemühl nach Kirchhain. Am 15. April 1939 wanderte in die USA aus.

Familie Rothschild, Briesselstraße 4

Simon Rothschild wurde am 23.8.1861 geboren. Er verstarb am 30. März 1921 in Kirchhain.

Bella Reich, geborene Rothschild, wurde am 2.7.1891 in Kirchhain geboren. Sie war die Tochter von Simon. Am 25.10.1939 zog sie nach Berlin. Bella Reich ist ins Ghetto Riga deportiert worden, wo sich ihre Spur verliert. Umstände und Ort ihrer Ermordung sind nicht bekannt.

Bella Reich.
Kennkartenfoto um 1939.

Ingeborg Reich wurde am 9.11.1927 in Marburg als Tochter von Bella geboren. Am 18.4.1939 zog sie nach Bad Nauheim vermutlich in das jüdische Internat. Von Berlin aus wurde sie zusammen mit ihrer Mutter in das Ghetto Riga deportiert. Ingeborg Reich kehrte nicht wieder zurück. Umstände und Ort ihrer Ermordung sind nicht bekannt.

Bettina Berta Rissmann, vermutlich geborene Rothschild, wurde am 23.5.1898 in Kirchhain geboren. Sie lebte in Berlin, war aber vom 2.12.1936 bis zum 1.3.1937 zu Besuch in Kirchhain.

Ingeborg Reich.
Kennkartenfoto um 1939.

Rothschild, Auf dem Groth 25

Moses Rothschild wurde am 7.4.1860 in Ebsdorf geboren. Er war Kaufmann von Beruf und betrieb einen Darm- und Fellhandel. Am 12.1.1936 verstarb er in Kirchhain.

Familie Schaumberg, Niederrheinische Straße 361

Adolf Schaumberg wurde am 17.7.1878 in Schweinsberg geboren. Er war der Ehemann von Fanny Heilbrunn und von Beruf Viehhändler. Am 10.3.1938 zog er nach Düsseldorf. Dort ist er am 26.12.1938 gestorben.

Fanny Schaumberg, geborene Heilbrunn, wurde am 28. Juli 1882 in Abterode geboren. Am 10. März 1938 zog sie nach Düsseldorf, von wo sie am 4. Mai 1939 weiter nach Amsterdam zog. Von dort deportierte man sie ins Konzentrations- und Vernichtungslager Auschwitz, wo sich ihre Spur verliert. Die Umstände ihrer Ermordung sind nicht bekannt. Das Datum ihres Todes wurde auf den 8. April 1945 festgesetzt.

Ernst Schaumberg wurde am 12.6.1906 als Sohn von Fanny und Adolf in Kirchhain geboren. 1921 zog er nach Frankfurt. Zwischen 1935 und 1946 wohnte Ernst Schaumberg in Amsterdam, wo er in einem Versteck überlebte.

Gertrude Schaumberg, verheiratete Spiegel, wurde am 18.5.1911 als Tochter von Fanny und Adolf in Kirchhain geboren. Sie zog 1935 nach Düsseldorf und von dort 1939 nach Amsterdam. 1940 wanderte sie in die USA aus.

Familie Schaumberg, Am Markt 251

Hermann Schaumberg wurde am 20. Februar 1865 in Schweinsberg geboren. Er war der Ehemann von Sara. Hermann Schaumberg war von Beruf Kaufmann. Am 5.6.1939 zog er nach Frankfurt. Von dort wurde er deportiert. Hermann Schaumberg ist am 14.11.1942 im Ghetto Theresienstadt umgekommen.

Hermann Schaumberg.
Kennkartenfoto um 1939.

Sara Schaumberg.
Kennkartenfoto um 1939.

Sara Schaumberg, geborene Schaumberg, wurde am 11.2.1868 in Holzhausen geboren. Sie zog am 5.6.1939 nach Frankfurt. Sie wurde ebenfalls deportiert. Am 21.9.1942 ist Sara Schaumberg im Ghetto Theresienstadt umgekommen.

Else Schaumberg wurde am 17.10.1919 in Frankfurt geboren. Sie zog am 26.11.1935 nach Frankfurt.

Familie Schaumberg, Schulstraße 227

Siegmund Schaumberg wurde am 30. August 1898 geboren. Er war der Ehemann von Johanna Rapp. Am 5.5.1933 zog er nach Warburg.

Johanna Schaumberg, geborene Rapp, wurde am 8.9.1901 geboren. Sie zog am 5.5.1933 nach Warburg.

Heinz Schaumberg wurde am 6.10.1927 als Sohn von Johanna und Siegmund geboren. Er zog mit den Eltern am 5.5.1933 nach Warburg.

Moritz Schaumberg wurde am 16.9.1869 geboren. Wahrscheinlich war er mit Rosa Kaufmann verheiratet. Am 9.6.1933 zog er nach Warburg. Man deportierte Moritz Schaumberg in das Ghetto Theresienstadt, wo er am 28.1.1943 umgekommen ist.

Rosa Schaumberg, geborene Kaufmann, wurde am 20.3.1878 geboren. Am 9.6.1933 zog sie nach Warburg. Rosa Schaumberg wurde in das Ghetto Theresienstadt deportiert und kam dort am 30.3.1943 ums Leben.

Familie Seelig

Erwin Seelig wurde am 18.8.1902 geboren. Er war mit Irma Steinhauer verheiratet und von Beruf Lehrer. Am 30.4.1936 wanderte er nach Palästina aus.

Irma Seelig, geborene Steinhauer, wurde am 29.11.1913 geboren. Sie ist am 30.4.1936 nach Palästina ausgewandert.

Esther Seelig wurde am 31.3.1936 geboren. Sie war die Tochter von Irma und Erwin. Am 30.4.1936 emigrierte sie mit ihren Eltern nach Palästina.

Familie Steinfeld

Moritz Steinfeld wurde am 21.3.1895 geboren. Er ist von Josbach nach Kirchhain zugezogen. Am 31.7.1933 zog er nach Hameln. Später wanderte er nach Brasilien aus.

Frieda Steinfeld wurde am 11.3.1904 geboren. Von Josbach nach Kirchhain zugezogen, zog sie am 31.7.1933 nach Hameln. Sie ist nach Brasilien ausgewandert.

Lothar Steinfeld wurde am 30.4.1930 als Sohn von Frieda und Moritz geboren. Er kam am 31.7.1933 mit den Eltern nach Hameln und wanderte ebenfalls nach Brasilien aus.

Günther Steinfeld war ein Sohn von Frieda und Moritz. Er ist schon vor 1933 weggezogen.

Heinz Steinfeld war ein Sohn von Frieda und Moritz. Er zog vor 1933 von Kirchhain weg.

Salomon Steinfeld wurde am 11.8.1856 geboren. Er war wahrscheinlich der Vater von Moritz. Am 31.7.1933 zog er nach Hameln und wanderte später nach Brasilien aus.

Familie Steinhauer, Borntor 405

Ludwig Steinhauer wurde am 16.6.1876 in Hungen geboren. Er war mit Paula Stern verheiratet und von Beruf Lehrer. Am 21. Januar 1939 emigrierte er in die Schweiz.

Paula Steinhauer, geborene Stern, wurde am 6.12.1879 in Kirchhain geboren. Sie wanderte am 21.1.1939 in die Schweiz aus.

Betty Stern, geborene Stern, wurde am 30.3.1857 in Alsfeld geboren. Vermutlich war sie die Mutter von Paula Steinhauer. Sie ist am 17.7.1936 in Kirchhain gestorben.

Familie Stern, Niederrheinische Straße 352

Isaak Stern wurde am 22.8.1874 in Niederklein geboren. Er war der Ehemann von Clemi Mayerfeld und von Beruf Schafhändler. Am 11.4.1933 verstarb er in Kirchhain.

Clemi Stern, geborene Mayerfeld, wurde am 8.6.1881 geboren. Sie ist am 18.7.1935 in Kirchhain gestorben.

Berthold Stern war der Sohn von Clemi und Isaak. Wahrscheinlich ist er schon vor 1933 aus Kirchhain weggezogen. Berthold Stern ist nach Amerika ausgewandert.

Meta Stern, verheiratete Krämer, war die Tochter von Clemi und Isaak. Wahrscheinlich ist sie schon vor 1933 aus Kirchhain weggezogen. Meta Stern wanderte in die Niederlande aus.

Familie Stern, Borngasse 245

Josef Stern wurde am 20.9.1891 in Zwesten geboren. Er war der Ehemann von Flora Schlesinger. Er betrieb eine Metzgerei. Am 29.8.1938 wanderte er nach Argentinien aus.

Flora Stern, geborene Schlesinger, wurde am 28.4.1890 in Riede geboren. Sie ist am 29.8.1938 nach Argentinien ausgewandert.

Ruth Stern wurde am 2.8.1924 als Tochter von Josef und Flora in Kirchhain geboren. Am 29.8.1938 ist sie nach Argentinien ausgewandert.

Gerhard Stern wurde am 29.11.1930 in Kirchhain als Sohn von Josef und Flora geboren. Am 29.8.1938 wanderte er mit den Eltern nach Argentinien aus.

Malchen Stern, geborene Katten, wurde am 16. Dezember 1854 in Josbach geboren. Sie zog am 14. Oktober 1938 nach Abterode um.

Familie Stern, Hindenburgstraße 434

Julius Stern wurde am 9.3.1883 in Kirchhain geboren. Er war der Ehemann von Selma Neugass. Mit seinem Bruder Karl betrieb er ein Geschäft für Baumaterial, Getreide und Düngemittel. Er zog am 26.5.1939 nach England. Am 22.3.1940 ist Julius Stern in die USA ausgewandert.

Selma Stern, geborene Neugass, wurde am 28.8.1887 in Lohr/Bayern geboren. Am 10.3.1937 zog sie nach Nürnberg, von dort am 26.5.1939 nach England. Sie wanderte am 22.3.1940 in die USA aus.

Heinz Joachim Martin (Harry) Stern wurde am 18.8.1919 in Marburg als Sohn von Selma und Julius geboren. Seit 1933 lebte er in einem Schweizer Internat. Von dort ist er am 10.3.1937 nach Nürnberg gezogen. Am 26.5.1939 zog Heinz Stern mit seinen Eltern nach England und wanderte am 22.3.1940 in die USA aus.

Julius Stern.
Kennkartenfoto um 1939.

Hedwig (Hedda) Linda Stern wurde am 8. November 1920 als Tochter von Selma und Julius geboren. Sie war Zeichnerin von Beruf. Am 10. März 1937 zog sie nach Nürnberg. Hedda Stern wanderte im Juni 1939 mit der Familie über England in die USA aus.

Familie Stern, Borngasse 261

Karl Zadok Stern wurde am 25.12.1876 in Kirchhain geboren. Er war der Ehemann von Henriette. Mit seinem Bruder Julius betrieb er ein Geschäft für Baumaterial, Getreide und Düngemittel. Karl Stern ist am 20.11.1938 im Konzentrationslager Buchenwald umgekommen.

Henriette Stern, geborene Stern, wurde am 11.8.1882 in Wehrda/Marburg geboren. Sie arbeitete ebenfalls im Geschäft. Am 26.5.1939 zog sie nach England, von wo sie am 21.8.1940 in die USA ausgewandert ist.

Irma Stern wurde am 17.9.1916 als Tochter von Henriette und Karl in Kirchhain geboren. Sie zog am 25.4.1933 nach Frankfurt. Am 5.12.1936 ist Irma Stern von Berlin zurück nach Kirchhain und am 27.1.1937 wieder nach Berlin gezogen. Sie konnte wohl Deutschland noch verlassen und in die USA emigrieren.

Else (?) Stern war die zweite Tochter von Henriette und Karl. Auch sie konnte in die USA auswandern.

Marga Mannheimer wurde am 10.3.1921 in Bad Wildungen geboren. Sie war eine Hausangestellte bei Sterns. Am 2. Februar

Henriette Stern.
Kennkartenfoto um 1939.

1937 zog sie nach Kirchhain. Am 1. Mai 1937 zog sie wieder zurück nach Wildungen und am 27. Februar 1938 weiter nach Berlin. Man deportierte sie in das Ghetto Riga, wo sich ihre Spur verliert. Umstände und Ort ihrer Ermordung sind nicht bekannt.

Familie Stern, Römerstraße 433

Moritz Stern wurde am 20.8.1879 in Niederklein geboren. Er war mit Recha Blumenthal verheiratet. Moritz Stern betrieb einen Manufakturwarenhandel. Am 1.10.1937 wanderte er in die USA aus.

Recha Stern, geborene Blumenthal, wurde am 27.7.1887 in Lardorf geboren. Sie ist am 1.10.1937 in die USA ausgewandert.

Grete Stern wurde am 31.10.1912 als Tochter von Recha und Moritz geboren. Am 11.4.1934 zog sie nach Frankreich. Von dort ist sie dann in die USA ausgewandert.

Hilde Stern wurde am 24.5.1915 als Tochter von Recha und Moritz geboren. Sie war von Beruf Hausangestellte. Am 1.10.1937 wanderte sie in die USA aus.

Familie Stern, Borngasse 204

Siegmund Stern wurde am 26.1.1878 in Niederklein geboren. Er war der Ehemann von Herta Jüngster. Als Kaufmann betrieb er ein Textil-, Manufakturwaren- und Möbelgeschäft. Am 31.5.1938 zog er nach Frankfurt.

Herta Stern, geborene Jüngster, wurde am 28.2.1883 in Tann geboren. Sie zog am 31.5.1938 nach Frankfurt.

Harry Stern wurde am 12.6.1906 in Kirchhain als Sohn von Herta und Siegmund geboren. Er ist vor 1936 aus Kirchhain weggezogen. Man deportierte ihn am 20.10.1942 ins Konzentrations- und Vernichtungslager Auschwitz. Harry Stern ist dort umgekommen.

Ludwig Stern wurde am 28.3.1908 als Sohn von Herta und Siegmund geboren. Er ist am 26.8.1935 in die USA ausgewandert.

Ilse Stern wurde am 22. Oktober 1912 in Kirchhain als Tochter von Herta und Siegmund geboren. Sie zog am 12.8.1933 nach Frankfurt.

Renate Stern, verheiratete Blumenthal, wurde am 31.3.1914 als Tochter von Herta und Siegmund in Kirchhain geboren. Am 9.10.1933 zog sie nach Frankfurt, am 21.10.1933 weiter nach Wiesbaden und 1937 wieder zurück nach Kirchhain. Renate Stern wanderte am 16.1.1938 in die USA aus.

Familie Strauß, Niederrheinische Straße 356

David Strauß wurde am 20.3.1871 in Kirchhain geboren. Verheiratet war er mit Fanny Bachrach. Mit seinem Vetter Hugo Strauß betrieb er die Großhandlung "L. Strauss Söhne" für Getreide- und Futtermittel und Wolle. Sie mußten schon 1934 sämtliches Personal entlassen. Vor dem Ersten Weltkrieg war er Stadtverordneter. Am 20. Februar 1940 ist David Strauß in die USA ausgewandert.

Fanny Strauß, geborene Bachrach, wurde am 1.12.1876 in Neustadt geboren. Sie arbeitete ebenfalls im Geschäft. Am 20.2.1940 wanderte sie in die USA aus.

Leon Leopold Strauß wurde am 17.12.1900 in Kirchhain als Sohn von Fanny und David geboren. Von Beruf war er promovierter Diplomingenieur und Volkswirt. Schon vor 1933 zog er aus Kirchhain weg. Leon Strauß ist ausgewandert.

Herbert Strauß wurde am 22.9.1902 als Sohn von Fanny und David in Kirchhain geboren. Schon vor 1933 zog er von Kirchhain weg. Er promovierte und arbeitete 1933 als Gerichtsassessor in Berlin. Später wanderte Herbert Strauß in die USA aus.

Jacob Strauß wurde am 23.4.1906 als Sohn von Fanny und David in Kirchhain geboren. Er zog vor 1933 von Kirchhain weg.

David Strauß.
Kennkartenfoto um 1939.

Fanny Strauß.
Kennkartenfoto um 1939.

Familie Strauß, Römerstraße 411

Hugo Strauß wurde am 20.2.1869 in Kirchhain geboren. Er war der Vetter von David Strauß. Mit ihm zusammen betrieb er das Getreide- und Futtermittelgeschäft "L. Strauss Söhne", er mußte schon im Jahre 1934 das gesamte Personal entlassen. Am 25.1.1942 verstarb er in Kirchhain.

Johanna Strauß, geborene Lomnitz, wurde am 5.6.1886 in Eschwege geboren. Sie war die zweite Ehefrau von Hugo. Am 31.5.1942 deportierte man sie von Kirchhain ins Ghetto Lublin. Johanna Strauß wurde am 8.5.1945 für tot erklärt. Umstände und Ort ihrer Ermordung sind nicht bekannt.

Leo Strauß wurde am 20.9.1899 in Kirchhain geboren. Er war der Sohn von Hugo aus erster Ehe. Leo Strauß studierte Philosophie in Hamburg und war Assistent an der Hochschule für die Wissenschaft des Judentums in Berlin. Er wanderte 1938 von dort in die USA aus, wo er Philosophie an verschiedenen amerikanischen Universitäten lehrte.

Bettina Strauß war die Tochter von Hugo aus erster Ehe. Sie heiratete Paul Kraus und ist in die USA ausgewandert.

Hugo Strauß.
Kennkartenfoto um 1939.

Familie Strauß, Borngasse 242

Moritz Strauß wurde am 18.10.1882 in Rückershausen/Untertaunus geboren. Er war der Ehemann von Berta Lion. Er betrieb ein Manufakturwarengeschäft. Am 8.12.1941 deportierte man ihn von Kirchhain ins Ghetto Riga. Moritz Strauß ist dort verschollen.

Berta Strauß, geborene Lion, wurde am 6.11.1888 in Roßdorf geboren. Sie wurde am 8.12.1941 von Kirchhain ins Ghetto Riga deportiert. Am 29.11.1944 ist Berta Strauß im Konzentrationslager Stutthof umgekommen.

Fritz Siegmund Hans Strauß wurde am 17.5.1921 als Sohn von Berta und Moritz in Marburg geboren. Er arbeitete als Schneidergehilfe. Am 21.4.1936 zog er nach Frankfurt. Am 20.3.1939 wanderte Fritz Strauß nach England aus.

Klara Lion, geborene Katten, wurde am 8.2.1860 in Halsdorf geboren. Sie war vermutlich die Mutter von Berta Strauß. Am 28.9.1936 ist sie in Kirchhain gestorben.

Berta Strauß.
Kennkartenfoto um 1939.

Fritz Siegmund Hans Strauß.
Kennkartenfoto um 1939.

Familie Wertheim, Römerstraße 420

David Wertheim wurde am 6.12.1890 in Hatzbach geboren. Er war der Bruder des Marburger Rechtsanwalts Willi Wertheim. Verheiratet war er mit Irma Reiss. David Wertheim betrieb ein Textil- und Manufakturwarengeschäft. Am 8.9.1938 ist er in die USA ausgewandert.

Irma Wertheim, geborene Reiss, wurde am 23.12.1902 in Ulrichstein geboren. Sie wanderte am 8.9.1938 in die USA aus.

Manfred Wertheim wurde am 3.4.1924 als Sohn von Irma und David geboren. Er wanderte am 8.9.1938 mit seinen Eltern in die USA aus.

Arthur Wertheim wurde am 12.10.1927 als Sohn von Irma und David in Marburg geboren. Er ist am 8.9.1938 mit seinen Eltern in die USA ausgewandert.

Erich Max Wertheim wurde 1929(?) geboren. Auch er wanderte am 8.9.1938 mit der Familie in die USA aus.

Ingeborg Julie Wertheim wurde am 6. Dezember 1931 in Kirchhain als Tochter von Irma und David geboren. Sie wanderte am 8.9.1938 mit ihren Eltern in die USA aus.

Leo Wertheim wurde am 20.10.1933 als Sohn von Irma und David in Kirchhain geboren. Am 8.9.1938 ist er mit seinen Eltern in die USA ausgewandert.

Familie Wertheim, Mühlgasse 303

Hermann Wertheim wurde am 19.5.1883 in Hatzbach geboren. Er war der Ehemann von Paula Stern und von Beruf Viehhändler. Am 16.6.1938 wanderte er in die USA aus.

Paula Wertheim, geborene Stern, wurde am 10.8.1887 in Roth geboren. Sie ist am 16.6.1938 in die USA ausgewandert.

Margarethe Wertheim wurde am 12.7.1913 in Kirchhain geboren. Sie war die Tochter von Paula und Hermann und heiratete Herbert Bachenheimer/Kirchhain (s.a. Bachenheimer). Sie und ihr Mann wanderten am 16.6.1938 in die USA aus.

Familie Wertheim, Markt 276

Meier Wertheim I wurde am 24.11.1878 in Hatzbach geboren. Er war mit Minna Bachenheimer verheiratet. Von Beruf war er Viehhändler. Am 10.9.1937 ist er nach Palästina ausgewandert.

Minna Wertheim, geborene Bachenheimer, wurde am 5.3.1881 in Kirchhain geboren. Sie wanderte am 10.9.1937 nach Palästina aus.

Kurt Wertheim wurde am 18.10.1908 als Sohn von Minna und Meier I geboren. Am 25.10.1934 zog er nach Saarbrücken.

Walter Wertheim wurde am 6.2.1915 als Sohn von Minna und Meier I geboren. Von Beruf war er Kaufmann. Am 7.3.1936 wanderte er nach Palästina aus.

Günther Wertheim wurde am 5.6.1924 als Sohn von Minna und Meier I geboren. Am 10.9.1937 wanderte er nach Palästina aus.

Familie Wertheim, Unterm Groth 140

Meier Wertheim II wurde am 14.7.1888 in Hatzbach als Sohn von Sannchen und Wolf geboren. Er war der Ehemann von Klara Simon und von Beruf Viehhändler. Am 25.3.1938 ist er in die USA ausgewandert.

Klara Wertheim, geborene Simon, wurde am 6.3.1895 in Wehrda geboren. Sie ist am 25.3.1938 in die USA ausgewandert.

Alfred Wertheim wurde am 18.4.1922 in Kirchhain als Sohn von Klara und Meier II geboren. Am 25.3.1938 wanderte er mit seinen Eltern in die USA aus.

Familie Wertheim, Römerstraße 421

Moritz Wertheim wurde am 6.4.1891 in Hatzbach geboren. Er war der Ehemann von Klara Hammerschlag. Moritz Wertheim war von Beruf Kaufmann und handelte mit Manufakturwaren. Am 5.5.1937 wanderte er nach Palästina aus.

Klara Wertheim, geborene Hammerschlag, wurde am 20.6.1901 in Treis/Lumda geboren. Am 5.5.1937 ist sie nach Palästina ausgewandert.

Thea Wertheim wurde am 4.7.1926 als Tochter von Klara und Moritz in Kirchhain geboren. Am 5.5.1937 wanderte sie mit ihren Eltern nach Palästina aus.

Hildegard Wertheim wurde am 2.6.1930 in Kirchhain als Tochter von Klara und Moritz geboren. Am 5.5.1937 wanderte sie mit ihren Eltern nach Palästina aus.

*Gustav Wertheim.
Kennkartenfoto um 1939.*

Meta Wertheim wurde am 23.1.1893 in Hatzbach geboren. Sie ist am 5.5.1937 nach Palästina ausgewandert.

Gustav Wertheim wurde am 20.10.1901 in Hatzbach geboren. Er war Kaufmann von Beruf und handelte mit Manufakturwaren. Am 5.5.1937 zog er nach Mardorf und am 14.7.1939 weiter nach Koblenz. Über Kassel wanderte Gustav Wertheim dann nach Belgien,aus.

Familie Wertheim, Neuegasse 202

Wolf Wertheim wurde am 11.11.1857 geboren. Er war der Ehemann von Sannchen Edelmuth. Am 15.8.1928 ist er in Kirchhain gestorben.

Sannchen Wertheim, geborene Edelmuth, wurde am 26.12.1860 in Reiskirchen geboren. Sie war die Mutter von Meier II, Adolf (beide in Kirchhain) und Jenny Spier (in Rauischholzhausen). Am 6.9.1942 wurde Sannchen Wertheim von Rauischholzhausen ins Ghetto Theresienstadt deportiert.

Adolf Wertheim wurde am 11.4.1896 in Hatzbach als Sohn von Sannchen und Wolf geboren. Er war der Ehemann von Betty Siesel. Von Beruf war er Viehhändler. Am 31.5.1942 deportierte man ihn von Kirchhain ins Ghetto Lublin. Adolf Wertheim ist am 22.8.1942 im Konzentrations- und Vernichtungslager Majdanek umgekommen.

Betty Wertheim, geborene Siesel, wurde am 23.11.1902 in Cellenstadt geboren. Am 31.5.1942 wurde sie von Kirchhain ins Ghetto Lublin deportiert. Betty Wertheim kehrte nicht wieder zurück. Die Umstände ihrer Ermordung sind nicht bekannt.

Adolf Wertheim.
Kennkartenfoto um 1939.

Martin Wertheim wurde am 26.4.1927 als Sohn von Betty und Adolf geboren. Von 1939 bis 1941 besuchte er die jüdische Schule in Frankfurt. Am 31.5.1942 deportierte man ihn zusammen mit seinen Eltern von Kirchhain ins Ghetto Lublin, wo sich seine Spur verliert. Die Umstände seiner Ermordung sind nicht bekannt.

Karola Wertheim wurde am 2.6.1932 als Tochter von Betty und Adolf geboren. Sie besuchte zwischen 1940 und 1942 die jüdische Schule in Frankfurt. Von Kirchhain deportierte man sie mit ihren Eltern am 31.5.1942 ins Ghetto Lublin, wo sich ihre Spur verliert. Die Umstände ihrer Ermordung sind nicht bekannt.

Martin Wertheim.
Kennkartenfoto um 1939.

Karola Wertheim.
Kennkartenfoto wahrscheinlich
von 1941.

Einzelpersonen

Bei diesen Personen konnte ihr Verwandtschaftsverhältnis noch nicht festgestellt werden, bzw. nicht geklärt werden, bei welchen Familien sie arbeiteten. Ihr Schicksal ist nur in Einzelfällen bekannt.

Bella Andorn wurde am 31.1.1912 geboren. Am 4.9.1933 zog sie nach Niederaula.

Albert Bing wurde am 15.4.1916 geboren. Am 18.1.1936 meldete er sich nach Lich ab.

Elly Cahn wurde am 27.4.1879 geboren. Sie war seit dem 14.1.1937 auf Reisen.

Rudolf Dublon wurde am 12.3.1911 geboren. Seit dem 4.3.1933 befand er sich auf Reisen.

Else Flachta wurde am 21.5.1914 geboren. Am 10.4.1934 zog sie nach Warburg.

Sally Goldberg wurde am 8.3.1872 geboren. Er meldete sich zusammen mit Jenny Goldberg am 30.8.1941 nach Bad Neuenahr ab.

Jenny Goldberg wurde am 2.2.1888 geboren. Sie zog am 30.8.1941 nach Bad Neuenahr.

Siegfried Guth wurde am 26.10.1911 geboren. Er ist am 13.6.1933 nach Niederaula gezogen.

Tilly Hahn wurde am 16.2.1878 geboren. Sie ist vor 1938 aus Kirchhain weggezogen.

Lenta Löwenstein, geborene Katz, wurde am 3.6.1910 geboren. Am 4.7.1935 zog sie nach Lüneburg.

Irma Michel wurde am 17.4.1912 geboren. Am 28.2.1933 zog sie nach Gladenbach.

Irene Reichenberg wurde am 20.6.1914 in Rückershausen geboren. Sie ist am 1.6.1937 nach Rückershausen gezogen.

Rosa Rosenbaum wurde am 27.7.1870 geboren. Sie zog am 1.4.1935 nach Schweinsberg, von wo sie noch im gleichen Jahr fortzog.

Werner Rosenthal wurde am 20.8.1921 geboren. Am 1.7.1936 zog er nach Montabaur.

Berthold Rothschild wurde am 11.5.1893 geboren. Er ist am 28.2.1934 nach Reichensachsen gezogen.

Brunhilde Rothschild wurde am 13.7.1899 geboren. Am 21.11.1935 zog sie nach Berlin.

Brunhilde Rothschild wurde am 13.8.1914 geboren. Sie zog am 28.10.1933 nach Frankfurt.

Hildegard Rothschild wurde am 13.8.1899 geboren. Am 26.7.1933 zog sie nach Berlin, kehrte aber bald darauf wieder nach Kirchhain zurück. Am 3.1.1934 ist Hildegard Rothschild dann nach Frankfurt gezogen.

Jenny Rothschild, geborene Stein, wurde am 8.7.1898 geboren. Am 23.2.1934 zog sie zusammen mit Lore Rothschild nach Reichensachsen.

Johanna Rothschild wurde am 8.11.1866 geboren. Sie ist am 18.8.1934 nach Frankfurt gezogen.

Lore Rothschild wurde am 8.3.1927 geboren. Am 23.2.1934 zog sie zusammen mit Jenny Rothschild nach Reichensachsen.

Joseph Salzstein wurde am 13.10.1910 geboren. Er zog am 18.10.1934 nach Cottbus.

Theresa Sondheimer wurde am 26.8.1888 geboren. Am 13.7.1935 zog sie nach Kirtorf.

Wolf Spier wurde am 21.12.1861 geboren. Er ist am 27.6.1933 zusammen mit Betty Spier nach Merzhausen gezogen.

Betty Spier wurde am 25.12.1867 geboren. Sie zog ebenfalls am 27.6.1933 nach Merzhausen.

Erwin Steibel wurde am 24.2.1916 in Allendorf/Lumda geboren. Von Beruf war er Angestellter. Am 4.2.1936 zog er nach Kirchhain. Am 11.1.1937 ist Erwin Steibel in die USA ausgewandert.

Emma Stern wurde am 20.5.1879 geboren. Sie zog am 24.7.1936 nach Mainz.

Julius Stern wurde am 7.4.1908 geboren. Er ist am 5.3.1936 nach Frankfurt gezogen.

Levi Stern wurde am 3.2.1901 geboren. Am 31.1.1936 zog er nach Züschen. Zwischenzeitlich lebte er dann wieder in Kirchhain und zog am 19.8.1936 zurück nach Züschen.

Otto Stern wurde am 5.7.1922 in Roth geboren. Er war kaufmännischer Lehrling. Am 2.5.1936 ist er von Roth nach Kirchhain gezogen. Am 4.5.1937 wanderte er in die USA aus. (s.a. Roth)

Max Wertheim wurde am 13.6.1911 geboren. Er ist am 2.1.1935 in die USA ausgewandert.

Herbert Wertheim wurde am 25.9.1906 geboren. Am 23.9.1935 wanderte er nach Palästina aus.

Johanna Windmüller wurde am 8.8.1856 geboren. Am 20.8.1936 zog sie nach Kassel.

Anna Woschinski wurde am 11.9.1911 in Lodz/Polen geboren. Von Beruf war sie Hausangestellte. Sie ist am 10.8.1935 nach Allendorf zurückgezogen. Am 25.7.1939 wanderte sie mit ihren Eltern nach Argentinien aus (s.a. Allendorf).

Familie Levi (Läibs), Kirchweg 5

Löb Levi II wurde am 24.10.1877 in Lohra geboren. Er war der Bruder von Jenny und Salli Levi, Jeanette Mendels und Hilda Katz. Verheiratet war er mit Jettchen Rosenbaum. Löb Levi II war Handelsmann von Beruf. Am 23.10.1916 ist er bei Verdun gefallen.

Jettchen Levi, geborene Rosenbaum, wurde am 14.11.1871 in Oberzell geboren. 1936/37 zog sie nach Frankfurt, von wo aus sie deportiert wurde. Jettchen Levi ist am 29.8.1943 im Ghetto Theresienstadt umgekommen.

Moritz Levi wurde am 8.2.1905 in Lohra als Sohn von Jettchen und Löb geboren. Er arbeitete als Schneider. Am 13.8.1935 flüchtete Moritz Levi aus Lohra in die Niederlande, von wo er nach Chile auswanderte.

Isidor Levi.
Kennkartenfoto um 1939.

Isidor Levi wurde am 18.11.1906 als Sohn von Jettchen und Löb in Lohra geboren. Von Beruf war er Kaufmann. 1936/37 zog er nach Frankfurt. Von dort ist er in die USA ausgewandert.

Ilse Levi wurde am 26.5.1908 in Lohra als Tochter von Jettchen und Löb geboren. Sie war Schneiderin von Beruf. 1936/37 zog sie nach Frankfurt. Von dort wanderte Ilse Levi in die USA aus.

Familie Levi, Lindenstraße, 'Schennihäuschen' (an Buff's Haus)

Jenny Helene Levi wurde am 18.8.1881 in Lohra geboren. Sie war die Schwester von Löb II und Salli Levi, Jeanette Mendels und Hilda Katz/Marburg. Am 24.9.1940 zog sie nach Frankfurt. Von dort wurde sie deportiert. Jenny Levis Spur verliert sich im Ghetto Riga. Umstände und Ort ihrer Ermordung sind nicht bekannt.

Salli Levi wurde am 7.2.1884 in Lohra geboren. Er war der Bruder von Löb II und Jenny Levi, Jeanette Mendels und Hilda

Katz. Verheiratet war er mit Emma Oppenheimer. Salli Levi ist 1927/28 von Lohra weggezogen.

Emma Levi, geborene Oppenheimer, wurde in Hamburg geboren. Sie zog 1927/28 von Lohra weg.

Silba Levi wurde am 9.4.1912 als Tochter von Emma und Salli in Lohra geboren. Sie ist 1927/28 weggezogen.

Irma Levi, verheiratete Katzenstein, wurde am 21.3.1913 in Lohra geboren. Sie war eine Tochter von Emma und Salli. Irma Levi verließ Lohra 1927/28.

Jenny Helene Levi.
Kennkartenfoto um 1939.

Familie Mendels (Läibs-Loui), Lindenstraße 16

Louis Meier Mendels wurde am 17.8.1882 in Rheda/Kreis Minden geboren. Er war der Ehemann von Jeanette Levi. Von Beruf war er Metzger und Schächter. Louis Mendel übte auch das Amt des Vorbeters aus. 1936/37 nach dem Tode seiner Frau ist er weggezogen. Er soll im Raum Brandenburg Selbstmord begangen haben.

Jeanette Mendels, geborene Levi, wurde am 2.9.1878 in Lohra geboren. Sie verstarb am 21.3.1936 in Lohra.

Manfred Mendels wurde am 7.3.1917 als Sohn von Jeanette und Louis in Marburg geboren. Er war Lehrling. 1936/37 ging er ins Ausland, wurde dann aber von Holland aus deportiert. Manfred Mendels ist am 13.10.1941 im Konzentrationslager Mauthausen umgekommen.

Familie Nathan (Abrahams), Lindenstraße 7

Abraham Nathan wurde am 27.2.1867 in Lohra geboren. Er war der Ehemann von Berta Rosenthal. Er schlachtete Kälber und Ziegen und verkaufte das Fleisch nach außerhalb. Am 7.4.1936 verstarb Abraham Nathan in Lohra.

Berta Nathan, geborene Rosenthal, wurde am 26.12.1862 in Niederweisel/Butzbach geboren. Am 6.9.1942 wurde sie von Lohra ins Ghetto Theresienstadt deportiert. Umstände und Zeitpunkt ihrer Ermordung sind nicht bekannt.

Blümchen Paula Nathan wurde am 4. April 1896 als Tochter von Berta und Abraham in Lohra geboren. Sie war von Beruf Kontoristin. 1941 zog sie nach Gießen. Am 31.8.1942 heiratete sie Sally Katz/Gießen. Am 30.9.1942 wurde sie von Gießen deportiert. Im Ghetto Theresienstadt ist Blümchen Paula Nathan Ende Oktober 1942 umgekommen.

Klara Nathan wurde am 14.4.1901 als Tochter von Berta und Abraham in Lohra geboren. Sie war mit Josef Bergenstein verheiratet. In den zwanziger Jahren verzog sie nach Roth. Von dort deportierte man sie am 8.12.1941 in das Ghetto Riga. Klara Nathans Spur verliert sich im Konzentrationslager Stutthof. Die Umstände ihrer Ermordung sind nicht bekannt (s.a. Roth).

Berta Nathan.
Kennkartenfoto um 1939.

Blümchen Paula Nathan.
Kennkartenfoto um 1939.

Familie Nathan I (Buhles), Lindenstraße 24

Hermann Nathan I wurde am 25.3.1876 in Lohra geboren. Er war der Ehemann von Berta Hess und von Beruf Kaufmann für Manufakturwaren. Am 21.9.1939 zog er nach Marburg, von wo er am 6.9.1942 ins Ghetto Theresienstadt deportiert wurde. Hermann Nathan kehrte nicht zurück. Die Umstände seiner Ermordung sind nicht bekannt.

Berta Nathan, geborene Hess, wurde am 19. Juni 1876 in Oberasphe geboren. Am 21.9.1939 zog sie nach Marburg, wurde aber von dort nach Rauischholzhausen umgesiedelt. Am 6.9.1942 deportierte man sie ins Ghetto Theresienstadt. Berta Nathan ist dort am 29.3.1943 umgekommen.

Lilli Blümchen Nathan, verheiratete Wetzstein, wurde am 19.7.1903 in Lohra als

Hermann Nathan I.
Kennkartenfoto um 1939.

Lilli Blümchen Nathan.
Kennkartenfoto um 1939.

Berta Nathan.
Kennkartenfoto um 1939.

Tochter von Berta und Hermann geboren. Sie war Hausangestellte von Beruf. Am 1.11.1937 zog sie nach Hamburg. Später wanderte Lilli Nathan in die USA aus.

Irene Nathan, verheiratete Zametschek, wurde am 28.8.1907 als Tochter von Berta und Hermann in Lohra geboren. Am 14. Dezember 1932 ist sie in die Schweiz ausgewandert.

Theodor Nathan wurde am 19.12.1909 in Lohra als Sohn von Berta und Hermann geboren. Er war der Zwillingsbruder von Salli und von Beruf Kaufmann. Am 7.8.1937 wanderte er nach Palästina aus.

Salli Nathan wurde am 19.12.1909 in Lohra als Sohn von Berta und Hermann geboren. Er war der Zwillingsbruder von Theodor und mit Irma Löwenstein verheiratet. Von Beruf war er Polsterer. 1937 besuchte Salli Nathan das Haschara-Umschulungsgut in Neuendorf/Fürstenwalde. 1938 war er wieder zurück in Lohra. Am 20.5.1939 ist er nach Argentinien ausgewandert.

Salli Nathan.
Kennkartenfoto um 1939.

Irma Nathan, geborene Löwenstein, wurde am 14.4.1911 in Fronhausen geboren. Sie zog am 20.6.1938 nach Lohra. Am 20.5.1939 ist sie nach Argentinien ausgewandert (s.a. Fronhausen).

Max Nathan wurde am 24.9.1911 als Sohn von Berta und Hermann geboren. Er war von Beruf Schneider. Im Sommer 1933 lebte er in Paris, 1936/37 in Magdeburg. 1941 wurde er mit seiner Ehefrau und zwei Kindern deportiert. Max Nathan ist im Konzentrations- und Vernichtungslager Auschwitz ermordet worden.

Irma Nathan.
Kennkartenfoto um 1939.

Kurt Nathan wurde am 14.4.1913 in Lohra als Sohn von Berta und Hermann geboren. Er ist am 5.10.1931 nach Gedern/Kreis Schotten gezogen und später in die USA ausgewandert.

Betti Nathan wurde am 12.3.1918 in Lohra als Tochter von Berta und Hermann geboren. Sie war Hausangestellte von Beruf. Am 1.7.1938 zog sie nach Frankfurt, am 20.5.1939 zurück nach Lohra und am 21.9.1939 nach Marburg. Von Münstereifel aus wurde Betti Nathan 1942 deportiert. Sie kehrte nicht wieder zurück. Umstände und Ort ihrer Ermordung sind nicht bekannt.

Betti Nathan.
Kennkartenfoto um 1939.

Familie Nathan, Marburger Straße

Arthur Abraham Nathan wurde am 26. Februar 1905 in Lohra als Sohn von Berta und Hermann Nathan geboren. Er besaß einen Sattlerei- und Polstereibetrieb. 1934 zog er von Lohra weg. Man deportierte ihn von Mainzlar/Kreis Gießen. Er kehrte nicht wieder zurück. Am 8.5.1945 wurde Arthur Nathan für tot erklärt. Umstände und Ort seiner Ermordung sind nicht bekannt.

Gerdi Nathan, geborene Nathan, wurde am 2.6.1910 in Mainzlar geboren. Sie war die Ehefrau von Arthur. 1934 zog sie von Lohra weg. Von Mainzlar/Kreis Gießen wurde sie deportiert. Gerdi Nathan wurde am 8.5.1945 für tot erklärt. Umstände und Ort ihrer Ermordung sind nicht bekannt.

Arthur Abraham Nathan.
Kennkartenfoto um 1939.

Leni Nathan in Mainzlar geboren, war das erste Kind von Gerdi und Arthur. Sie wurde von Mainzlar/Kreis Gießen deportiert und am 8.5.1945 für tot erklärt. Umstände und Ort ihrer Ermordung sind nicht bekannt.

Ruth Nathan wurde am 8.5.1931 in Lohra als Tochter von Gerdi und Arthur geboren. Sie zog mit den Eltern 1934 weg und wurde ebenfalls von Mainzlar/Kreis Gießen deportiert. Am 8.5.1945 erklärte man Ruth Nathan für tot. Umstände und Ort ihrer Ermordung sind nicht bekannt.

Ruth Nathan.
Kennkartenfoto um 1939.

Familie Nathan II (Maiersch), Lindenstraße 4

Hermann Nathan II wurde am 28.7.1884 in Lohra geboren. Er war der Ehemann von Pauline Wallenstein. Als Kaufmann handelte er mit Manufaktur- und Kolonialwaren, Haushaltsgegenständen, Eisenwaren etc. (Überlandhandel). Er war außerdem der Vorsteher der jüdischen Gemeinde. Am 24.9.1940 zog er nach Frankfurt, von wo aus man ihn deportierte. Hermann Nathans Spur verliert sich in Minsk. Er wurde für tot erklärt. Die Umstände seiner Ermordung sind nicht bekannt.

Hermann Nathan II.
Kennkartenfoto um 1939.

Pauline (Paula) Nathan, geborene Wallenstein, wurde am 13.10.1885 in Wohnbach/ Kreis Friedberg geboren. Sie führte das Geschäft am Ort. Am 24.9.1940 zog sie nach Frankfurt. Im gleichen Jahr ist sie dort gestorben.

Manfred Meier Nathan wurde am 2.9.1913 in Lohra als Sohn von Paula und Hermann geboren. Er war Kaufmann und handelte mit Manufakturwaren. Am 1.1.1939 wanderte er in die Schweiz aus.

Gretel Nathan wurde am 5.3.1920 als Tochter von Paula und Hermann in Lohra geboren. Zwischen 1936/37 und 1938 hatte sie eine Stellung als Hausangestellte in Frankfurt. Am 4.8.1938 zog sie nach Lohra zurück und am 24.9.1940 wieder nach Frankfurt. Von dort wurde Gretel Nathan 1942 deportiert. Sie gilt als in Minsk verschollen. Die Umstände ihrer Ermordung sind nicht bekannt.

Pauline (Paula) Nathan.
Kennkartenfoto um 1939.

Gretel Nathan.
Kennkartenfoto um 1939.

Familie Nathan (Bolwirz Ebbes), Lindenstraße 28

Leopold Nathan wurde am 1.12.1885 in Lohra geboren. Er war der Ehemann von Frieda Oppenheimer und von Beruf Händler für Schuhe und andere Artikel. Außerdem schlachtete er Ziegenlämmer. Am 15. Februar 1938 zog er nach Mannheim. Leopold Nathan wanderte am 9.3.1938 in die USA aus.

Frieda Nathan, geborene Oppenheimer, wurde am 30.1.1893 geboren. Am 9.3.1938 ist sie in die USA ausgewandert.

Johanette Ilse Nathan wurde am 4.8.1921 in Lohra als Tochter von Frieda und Leopold geboren. Sie arbeitete als Hausangestellte. 1937 lebte sie in Frankfurt. Am 9.3.1938 ist sie mit ihren Eltern von Lohra in die USA ausgewandert.

Hanna Agatha Nathan wurde am 4.6.1923 als Tochter von Frieda und Leopold in Lohra geboren. Sie war Hausangestellte von Beruf. Am 9.3.1938 wanderte sie mit der Familie Nathan in die USA aus.

Familie Nathan (Bolwirz), Hollergraben 2

Nathan Nathan wurde am 28.5.1883 in Lohra geboren. Er war der Ehemann von Paula Süß. Von Beruf war er Kaufmann, er handelte mit Eisen- und Manufakturwaren. Am 21.9.1939 verließ er Lohra, im Dezember 1939 wanderte er nach Argentinien aus.

Paula Nathan, geborene Süß, wurde am 26.4.1889 in Watzenborn geboren. Sie be-

Nathan Nathan.
Kennkartenfoto um 1939.

Paula Nathan.
Kennkartenfoto um 1939.

trieb ein Manufakturwarengeschäft. Am 21.9.1939 verließ sie Lohra, im Dezember 1939 ist sie nach Argentinien ausgewandert.

Walter Bernhard Nathan wurde am 15. April 1920 in Lohra als Sohn von Paula und Nathan geboren. Er konnte keine Ausbildung machen. Walter Bernhard Nathan arbeitete im Straßenbau. Am 21.9.1939 verließ er Lohra, im Dezember 1939 wanderte er mit seinen Eltern nach Argentinien aus.

Johanna Helene Nathan, verheiratete Stern, wurde am 3.8.1913 als Tochter von Paula und Nathan in Lohra geboren. Sie heiratete 1937 Siegbert Stern aus Ulrichstein. Am 29.6.1937 ist sie nach Argentinien ausgewandert.

Walter Bernhard Nathan.
Kennkartenfoto um 1939.

Wetterau, Gladenbacherstraße 47

Ida Wetterau, geborene Kaiser, wurde am 27.1.1890 in Wabern geboren. Sie war die Ehefrau von Johannes Friedrich Wetterau, der kein Jude war. Sie hatten zusammen drei Kinder.

Ida Wetterau.
Kennkartenfoto um 1939.

Familie Israel (Hirsche), Haus Nr. 125

Heinemann Israel wurde am 11.11.1882 in Dillich/Borken geboren. Er war der Ehemann von Emma Geis. Von Beruf war er Viehhändler und Metzger. Am 29.9.1938 zog er nach Kassel, von wo aus er deportiert wurde. Heinemann Israel überlebte das Konzentrations- und Vernichtungslager Auschwitz und kam 1945 zurück nach Kirchhain. Dort verstarb er am 30.6.1950.

Emma Israel, geborene Geis, wurde am 12. Dezember 1884 in Mardorf geboren. Am 22.4.1938 ist sie in Mardorf gestorben.

Kurt Israel wurde am 13.3.1910 in Mardorf als Sohn von Emma und Heinemann geboren. Er war Kaufmann von Beruf und handelte mit Manufakturwaren, Trachtenstoffen und Lebensmitteln. Am 29.9.1938 zog er nach Kassel. Von dort wurde er am 1. Juni 1942 ins Ghetto Lublin deportiert. Kurt Israel ist am 27.9.1942 umgekommen.

Ilse Israel wurde am 10.2.1915 als Tochter von Emma und Heinemann in Mardorf geboren. Ab 1931/32 lebte sie in Kassel. Sie wurde von dort deportiert. Am 12.9.1945 kehrte sie aus dem Ghetto Theresienstadt zurück und zog nach Kirchhain.

Salomon Geis wurde am 16.5.1854 geboren. Er war der Ehemann von Berta und der Vater von Emma. Am 3.2.1928 ist er in Mardorf gestorben.

Berta Geis, geborene Schaumberg, wurde am 22.6.1859 geboren. Sie war die Mutter von Emma. Am 18.10.1929 verstarb sie in Mardorf.

Familien Kaiser und Haas (Schmuls), Haus Nr. 5

Hugo Hermann Kaiser wurde am 1.10.1888 in Mardorf geboren. Er war der Bruder von Simon Kaiser II und der Ehemann von Dina Wertheim. Von Beruf war er Vieh- und Manufakturwarenhändler. Am 5. Mai 1939 wanderte er nach England aus.

Dina Kaiser, geborene Wertheim, wurde am 17.12.1887 in Hatzbach geboren. Sie ist am 5.5.1939 nach England ausgewandert.

Ruth Rosa Kaiser, verheiratete Feldgreber, wurde am 7.2.1922 als Tochter von Dina und Hugo in Mardorf geboren. Am 3.5.1937 ist sie in die USA ausgewandert.

Hugo Hermann Kaiser.
Kennkartenfoto um 1939.

Max Helmut Kaiser wurde am 14.10.1924 in Mardorf als Sohn von Dina und Hugo geboren. Er wanderte am 5.5.1939 mit seinen Eltern nach England aus.

Manfred Walter Kaiser wurde am 14. Oktober 1924 als Sohn von Dina und Hugo in Mardorf geboren. Am 5.5.1939 wanderte er mit seinen Eltern nach England aus.

David Haas wurde am 23.12.1860 geboren. Er war der Ehemann von Mathilde Ackermann. Am 6.12.1926 verstarb er in Mardorf.

Mathilde Haas, geborene Ackermann, wurde am 1.11.1868 in Bierstadt geboren. Im Januar 1939 zog sie nach Bierstadt. Am 3.3.1939 wanderte sie in die Niederlande aus.

Dina Kaiser.
Kennkartenfoto um 1939.

Max Helmut Kaiser.
Kennkartenfoto um 1939.

Manfred Walter Kaiser.
Kennkartenfoto um 1939.

Moritz Haas war ein Sohn von Mathilde und David. Er ist vor 1936 von Mardorf weggezogen.

Simon Haas war der Ehemann von Friederike Stern aus Niederklein. Von Beruf war er Schächter. Er ist vor 1936 von Mardorf weggezogen.

Leo Louis Haas wurde am 23.4.1898 als Sohn von Mathilde und David geboren. Er war Händler und besaß ein Schuhgeschäft. Am 22.3.1934 wanderte er nach Palästina aus, wurde aber 1935 bei der Einreise ins Deutsche Reich zu einen Besuch in Mardorf verhaftet und in das Konzentrationslager Esterwegen verschleppt. Am 13. Januar 1936 wurde Leo Haas entlassen und aus Deutschland ausgewiesen. Er hatte noch eine Woche Zeit, Mardorf zu besuchen. Am 21.1.1936 wanderte er in die Niederlande aus.

Mathilde Haas.
Kennkartenfoto um 1939.

Familie Kaiser I (Jekovs), Haus Nr. 3

Simon Kaiser I wurde am 27.12.1860 in Mardorf geboren. Er war der Ehemann von Nanny und von Beruf Händler. Außerdem übte er als letzter das Amt des Vorsitzenden der jüdischen Gemeinde in Mardorf aus. Am 26.2.1939 zog Simon Kaiser nach Köln. Dort ist er gestorben.

Nanny Kaiser wurde am 9. Oktober 1861 in Rauischholzhausen geboren. Über ihre familiäre Herkunft existieren widersprüchliche Angaben. Sie war eine geborene Hirsch oder Schaumberg. Bis 1938 lebte sie in Mardorf. Am 28.8.1938 verstarb Nanny Kaiser in Köln.

Simon Kaiser I.
Kennkartenfoto um 1939.

David Kaiser wurde am 17.10.1893 als Sohn von Nanny und Simon in Mardorf geboren. Er war mit Elsa Voss verheiratet und von Beruf Kaufmann. Im Zusammenhang mit der sogenannten Assozialenaktion im Sommer 1938 wurde er verhaftet, im September aus dem KZ Sachsenhausen-Oranienburg wegen der bevorstehenden Auswanderung nach Panama entlassen. Am 18.1.1939 zog er nach Köln. Von dort wurde er ins Ghetto Riga deportiert, wo sich seine Spur verliert. Umstände und Ort seiner Ermordung sind nicht bekannt.

Elsa Kaiser, geborene Voss, wurde am 3. August 1904 in Frechen/Köln geboren. Am 18.1.1939 zog sie nach Köln, von wo sie ins Ghetto Riga deportiert wurde. Elsa Kaiser kehrte nicht wieder zurück. Umstände und Ort ihrer Ermordung sind nicht bekannt.

Ellen Bertha Kaiser wurde am 14.6.1930 als Tochter von Elsa und David in Mardorf geboren. Am 18.1.1939 zog sie mit den Eltern nach Köln. Sie wurde später ins Ghetto Riga deportiert, wo sich ihre Spur verliert. Umstände und Ort ihrer Ermordung sind nicht bekannt.

David Kaiser.
Kennkartenfoto um 1939.

Elsa Kaiser.
Paßfoto von 1938.

Alfred Lothar Kaiser wurde am 19.8.1935 in Mardorf als Sohn von Elsa und David geboren. Am 18.1.1939 zog er mit den Eltern nach Köln, von wo er ins Ghetto Riga deportiert wurde. Dort verliert sich seine Spur. Umstände und Ort seiner Ermordung sind nicht bekannt.

Hans Wolf Kaiser wurde am 19.8.1935 als Sohn von Elsa und David in Mardorf geboren. Am 18.1.1939 zog er mit den Eltern nach Köln. Er wurde ins Ghetto Riga deportiert. Hans Kaiser kehrte nicht zurück. Umstände und Ort seiner Ermordung sind nicht bekannt.

Ellen Bertha Kaiser.
Paßfoto von 1938.

Die Zwillingsbrüder Alfred Lothar und Hans Wolf Kaiser.
Paßfotos von 1938.

Familie Kaiser II (Feists), Haus Nr. 20

Simon Kaiser II wurde am 4.8.1876 in Mardorf geboren. Er war der Ehemann von Fanny Wertheim. Sein Beruf war Viehhändler. Am 19.5.1938 zog er nach Kassel. Von dort ist er ausgewandert.

Fanny Kaiser, geborene Wertheim, wurde am 4.12.1876 in Hatzbach geboren. Am 19.5.1938 ist sie nach Kassel gezogen. Von dort wanderte sie aus.

Hermann Georg Kaiser wurde 13.1.1904 in Mardorf als Sohn von Fanny und Simon geboren. Er war Rechtsanwalt von Beruf. In den zwanziger Jahren zog er nach Berlin. Von dort wanderte er 1938 mit seiner Frau Dina und seinem Sohn über Belgien und England in die USA aus.

Toni Kaiser, verheiratete Neuwald, war die Tochter von Fanny und Simon. Sie ist vor 1936 wahrscheinlich nach Dortmund-Hombruch weggezogen. Nach dem Krieg lebte sie in den USA.

Familie Maas (Maths), Haus Nr. 46 ½

Jakob Levi Maas wurde am 28.9.1876 in Mardorf geboren. Er war mit Rosa Goldenberg verheiratet und von Beruf Viehhändler. Vom 6.5.1941 bis 18.7.1941 war er im Zwangsarbeiterlager Breitenau inhaftiert, von wo er wahrscheinlich direkt in das Konzentrationslager Sachsenhausen gekommen ist. Dort ist Jakob Maas am 16. Mai 1942 umgekommen. Die Umstände seines Todes sind nicht bekannt.

Rosa Maas, geborene Goldenberg, wurde am 9.10.1883 wahrscheinlich in Kestrich/Kreis Alsfeld geboren. Am 30.7.1942 wurde sie nach Rauischholzhausen umgesiedelt. Von dort deportierte man sie am 6.9.1942 ins Ghetto Theresienstadt. Am 23.1.1943 ist Rosa Maas im Konzentrations- und Vernichtungslager Auschwitz umgekommen.

Jakob Levi Maas.
Kennkartenfoto um 1939.

Rosa Maas.
Kennkartenfoto um 1939.

Klara Maas.
Kennkartenfoto um 1939.

Klara Maas wurde am 22.10.1921 in Mardorf als Tochter von Rosa und Jakob geboren. Am 10.5.1940 wanderte sie in die USA aus.

Hannchen Goldenberg wurde am 30. Dezember 1846 geboren. Vermutlich war sie die Mutter von Rosa. Sie ist wahrscheinlich 1936 zu der Familie gezogen. Am 31.5.1936 verstarb sie in Mardorf.

Auguste Giedel Maas wurde am 26.4.1874 in Mardorf geboren. Sie war die Schwester von Jakob Maas. Am 15.3.1939 kam sie nach Bendorf Sayn/Koblenz in die 'Jacobysche Heil- und Pflegeanstalt', einem jüdischen Heim für Nerven- und Gemütskranke. Auguste Maas ist am 29.10.1941 in Sayn gestorben.

Auguste Giedel Maas.
Kennkartenfoto um 1939.

Familie Schirling (Viktorsch), Haus Nr. 50 ½

Moses Schirling wurde am 18.4.1860 in Mardorf geboren. Er war der Ehemann von Hannchen Rothschild. Von Beruf war er Händler für Manufakturwaren. Am 3.5.1937 zog er von Mardorf nach Schweinsberg. Moses Schirling war vom 29.4.1941 bis 6.6.1941 in dem Zwangsarbeiterlager Breitenau inhaftiert. Am 30.7.1942 wurde er nach Rauischholzhausen umgesiedelt und von dort am 6.9.1942 ins Ghetto Theresienstadt deportiert. Moses Schirling kehrte nicht wieder zurück. Der letzte bekannte Aufenthaltsort ist das Konzentrationslager Minsk. Die Umstände seiner Ermordung sind nicht bekannt.

Johanna Schirling, geborene Rothschild, wurde am 24. Februar 1862 in Angenrod geboren. Am 3. Mai 1937 zog sie nach Schweinsberg. Im Juli 1942 wurde sie nach Rauischholzhausen umgesiedelt, von wo sie am 6. September 1942 ins Ghetto Theresienstadt deportiert wurde. Johanna Schirlings Spur verliert sich in Minsk. Die Umstände ihrer Ermordung sind nicht bekannt.

Flora Schirling, verheiratete Schaumberg, wurde am 4. September 1895 als Tochter von Johanna und Moses in Mardorf geboren. Sie war mit Salli Schaumberg in Schweinsberg verheiratet. Am 31. Mai 1942 wurde sie von Schweinsberg aus in das Ghetto Lublin deportiert, wo sich ihre Spur verliert. Die Umstände ihrer Ermordung sind nicht bekannt (s.a. Schweinsberg).

Familie Alexander

Selig Alexander wurde am 20.9.1861 geboren. Er war der Ehemann von Regina Katzenstein. Von Beruf war er Händler. Selig Alexander wanderte am 14.9.1936 nach Südafrika aus.

Regina Alexander, geborene Katzenstein, wurde am 24.9.1867 geboren. Am 14.9.1936 ist sie nach Südafrika ausgewandert.

Samuel Alexander wurde am 29.1.1906 als Sohn von Regina und Selig geboren. Er war der Ehemann von Lotte Weiler. Von Beruf war er Händler. Samuel Alexander ist 1936/37 aus Momberg weggezogen.

Lotte Alexander, geborene Weiler, wurde am 10.1.1913 geboren. Sie zog 1936/37 aus Momberg weg.

Hans-Josef Alexander wurde am 19.4.1934 als Sohn von Lotte und Samuel geboren. Er ist 1936/37 mit seinen Eltern von Momberg weggezogen.

Familie Blumenfeld (Itzigs), Haus Nr. 49

Friedrich Blumenfeld wurde am 7.12.1888 in Momberg geboren. Er war der Ehemann von Lina Neuhaus. Friedrich Blumenfeld handelte mit Gemischtwaren. Am 13.1.1939 wanderte er in die USA aus.

Lina Blumenfeld, geborene Neuhaus, wurde am 19.9.1894 in Baumbach geboren. Sie ist am 13.1.1939 in die USA ausgewandert.

Grete Blumenfeld wurde am 21.8.1922 als Tochter von Lina und Friedrich in Momberg geboren. Sie ist nach dem 1. Juli 1938 von Halberstadt zurück nach Momberg gezogen. Am 13.1.1939 wanderte sie mit ihren Eltern in die USA aus.

Günther Blumenfeld wurde am 22. Februar 1925 in Momberg als Sohn von Lina und Friedrich geboren. Er ist am 13.1.1939 mit seinen Eltern in die USA ausgewandert.

Bertha Blumenfeld, geborene Alexander, wurde am 16. Oktober 1859 vermutlich in Momberg geboren. Am 13.1.1939 ist sie in die USA ausgewandert.

Bertha Blumenfeld, geborene Wallach, wurde am 23.3.1861 in Oberaula geboren. Sie ist am 1.4.1938 nach Momberg zugezogen. Am 13.1.1939 wanderte sie in die USA aus.

Familie Blumenfeld (Abrahams), Haus Nr. 83

Hermann Blumenfeld wurde am 17.4.1880 geboren. Er verstarb an einem 18. Oktober in den zwanziger Jahren; die letzte Ziffer des Todesjahres ist auf dem Grabstein nicht lesbar.

Jeanette Blumenfeld wurde am 23.1.1883 geboren. Sie war die erste Ehefrau von Hermann. Nach der Geburt des Sohnes Alfred am 8.5.1915 ist sie in Momberg gestorben.

Julius Blumenfeld wurde am 29.5.1910 in Momberg als Sohn von Jeanette und Hermann geboren. Er war Kaufmann und handelte mit Manufaktur- und Kolonialwaren. Am 8.12.1941 wurde er von Momberg ins Ghetto Riga deportiert, wo sich seine Spur verliert. Umstände und Ort seiner Ermordung sind nicht bekannt.

Frieda Blumenfeld wurde am 24.8.1911 als Tochter von Jeanette und Hermann in Momberg geboren. Von Beruf war sie Verkäuferin. 1936/37 zog sie weg und am 24.8.1939 wieder zurück nach Momberg. Am 8.12.1941 wurde sie von Momberg ins Ghetto Riga deportiert. Frieda Blumenfeld ist im Konzentrationslager Stutthof verschollen. Die Umstände ihrer Ermordung sind nicht bekannt.

Max Blumenfeld wurde am 17.4.1913 in Momberg als Sohn von Jeanette und Hermann geboren. Er war Kaufmann von Beruf. 1936/37 ist er von Momberg weggezogen und später nach Palästina ausgewandert.

Alfred Blumenfeld wurde am 23.4.1915 als Sohn von Jeanette und Hermann in Momberg geboren. Er war Metzger von Beruf. Am 23.6.1936 wanderte er nach Südafrika aus.

Julius Blumenfeld.
Kennkartenfoto um 1939.

Frieda Blumenfeld.
Kennkartenfoto um 1939.

Ida Blumenfeld, geborene Stern, wurde am 17.9.1878 in Wehrda geboren. Sie war die zweite Ehefrau von Hermann. Am 8.12.1941 wurde sie von Momberg ins Ghetto Riga deportiert, wo sich ihre Spur verliert. Umstände und Ort ihrer Ermordung sind nicht bekannt.

Kurt Blumenfeld wurde am 11.7.1921 als Sohn von Ida und Hermann in Momberg geboren. Er war Kaufmann von Beruf. Am 9.2.1939 zog er von Frankfurt zurück nach Momberg. Später ging er auf das Haschara-Umschulungsgut Neusteckelsdorf/Rathenow, von wo er nicht mehr nach Momberg zurückkehrte. Am 25.4.1942 deportierte man Kurt Blumenfeld von Hesselbach/Unterfranken. Seine Spur verliert sich im Lager Izbica/Lublin. Die Umstände seiner Ermordung sind nicht bekannt.

*Ida Blumenfeld.
Kennkartenfoto um 1939.*

*Kurt Blumenfeld.
Kennkartenfoto um 1939.*

Familie Blumenfeld (Heinemanns), Haus Nr. 75

Moritz Blumenfeld wurde am 7.10.1887 als Sohn von Heinemann in Momberg geboren. Er war der Ehemann von Sophie Spier. Von Beruf war er Kaufmann und betrieb ein Gemischtwarengeschäft. Moritz Blumenfeld ist am 5.3.1940 ausgewandert.

Sophie Blumenfeld, geborene Spier, wurde am 28.6.1894 in Momberg geboren. Sie war die Schwester von Siegfried Spier. Am 5.3.1940 wanderte sie aus.

Moritz Blumenfeld.
Kennkartenfoto um 1939.

Sophie Blumenfeld.
Kennkartenfoto um 1939.

Ursula Blumenfeld wurde am 28.10.1927 als Tochter von Sophie und Moritz in Momberg geboren. Sie ist am 5.3.1940 mit den Eltern ausgewandert.

Ruth Blumenfeld wurde am 14.2.1930 in Momberg als Tochter von Sophie und Moritz geboren. Sie ist am 5.3.1940 mit den Eltern ausgewandert.

Werner Blumenfeld wurde am 7.1.1933 als Sohn von Sophie und Moritz in Momberg geboren. Er ist ebenfalls am 5.3.1940 mit den Eltern ausgewandert.

Ursula Blumenfeld.
Kennkartenfoto um 1939.

Ruth Blumenfeld.
Kennkartenfoto um 1939.

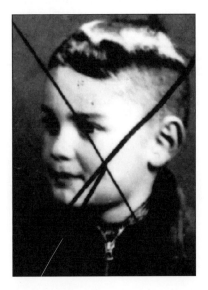

Werner Blumenfeld.
Kennkartenfoto um 1939. Es wurde durchgestrichen, weil Werner Blumenfeld als noch nicht Zehnjähriger keine Kennkarte brauchte.

Familie Blumenfeld

Sophie Blumenfeld, geborene Mansbach, wurde am 17.3.1873 in Maden/Kreis Fritzlar geboren. Sie wanderte am 3.3.1936 in die USA aus.

Julius Blumenfeld wurde am 2.1.1910 geboren. Er war der Sohn von Sophie und von Beruf Kaufmann. Am 3.3.1936 ist er in die USA ausgewandert.

Familie Katz

Jakob Katz wurde am 14.4.1895 in Jesberg geboren. Er war der Ehemann von Rosa Alexander und von Beruf Kaufmann. Am 27.3.1936 zog er von Jesberg nach Momberg. Am 14.9.1936 wanderte er nach Südafrika aus.

Rosa Katz, geborene Alexander, wurde am 18.1.1896 in Momberg als Tochter von Regina und Selig geboren. Sie zog am 27.3.1936 von Jesberg nach Momberg. Am 14.9.1936 ist Rosa Katz nach Südafrika ausgewandert.

Susi Katz wurde am 13.7.1924 als Tochter von Rosa und Jakob in Jesberg geboren. Am 27.3.1936 zog sie mit den Eltern von Jesberg nach Momberg und wanderte am 14.9.1936 von da nach Südafrika aus.

Fränzi Katz wurde am 11.1.1926 in Jesberg als Tochter von Rosa und Jakob geboren. Am 27.3.1936 zog sie mit den Eltern von Jesberg nach Momberg und wanderte am 14.9.1936 Südafrika aus.

Ruth Katz wurde am 9.6.1928 in Jesberg als Tochter von Rosa und Jakob geboren. Am 27.3.1936 zog sie mit den Eltern von Jesberg nach Momberg und wanderte am 14.9.1936 Südafrika aus.

Julius Katz wurde am 30.5.1893 in Jesberg geboren. Er war der Bruder von Jakob. Julius Katz zog am 27.3.1936 von Jesberg nach Momberg. Am 14.9.1936 ist er nach Südafrika ausgewandert.

Familie Katzenstein, Haus Nr. 118 ½

Manus Katzenstein wurde am 3.4.1863 in Frankenau geboren. Er war der Ehemann von Fanny Bickardt und von Beruf Kaufmann. Am 1.1.1940 zog er nach Frankfurt ins jüdische Altersheim. Sein Schicksal ist nicht bekannt. Wahrscheinlich ist er noch vor der Deportation im Altersheim gestorben.

Fanny Katzenstein, geborene Bickardt, wurde am 6.6.1868 in Höringhausen geboren. Sie zog am 1.1.1940 nach Frankfurt ins jüdische Altersheim. Von dort wurde Fanny Katzenstein ins Ghetto Theresienstadt deportiert, wo sie am 15.4.1943 umgekommen ist.

Manus Katzenstein.
Kennkartenfoto um 1939.

Fanny Katzenstein.
Kennkartenfoto um 1939.

Johanna Goldschmidt, geborene Bickardt, wurde am 7.5.1867 in Höringhausen geboren. Sie war die Schwester von Fanny. Am 1.1.1940 zog sie nach Frankfurt ins jüdische Altersheim. Johanna Goldschmidt ist deportiert worden und umgekommen.

Johanna Goldschmidt.
Kennkartenfoto um 1939.

Familie Rosenberg (Rosenbergs), Haus Nr. 192

Emanuel Emil Rosenberg wurde am 29.6.1885 in Rosenthal geboren. Er war der Ehemann von Katinka Blumenfeld. Von Beruf Kaufmann, arbeitete er bis 1934 bei der Textilgroßhandlung Wohlfahrth/Frankfurt und danach als Provisionsvertreter in der Textil- und Bettfederbranche in Momberg. 1934 zog Emanuel Rosenberg nach Momberg. Am 25.1.1940 wanderte er in die USA aus.

Katinka Rosenberg, geborene Blumenfeld, wurde am 30.7.1891 in Momberg geboren. Sie bearbeitete die Buchhaltung und Korrespondenz der Handelsvertretung. 1934 zog sie nach Momberg. Am 25.1.1940 ist Katinka Rosenberg in die USA ausgewandert.

Emanuel Emil Rosenberg.
Kennkartenfoto um 1939.

Walter Rosenberg wurde am 17.10.1920 in Frankfurt als Sohn von Katinka und Emanuel geboren. Er war Kaufmannslehrling. Am 1.7.1938 zog Walter Rosenberg nach Momberg. Er wanderte am 25.1.1940 mit seinen Eltern in die USA aus.

Günther Rosenberg wurde am 7.7.1925 als Sohn von Katinka und Emanuel in Frankfurt geboren. Er zog 1934 nach Momberg. Am 25.1.1940 ist Günther Rosenberg mit seinen Eltern in die USA ausgewandert.

Katinka Rosenberg.
Kennkartenfoto um 1939.

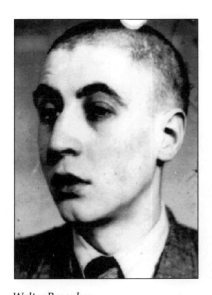

Walter Rosenberg.
Kennkartenfoto um 1939.

Günther Rosenberg.
Kennkartenfoto um 1939.

Heinz Rosenberg wurde am 18.8.1928 in
Frankfurt als Sohn von Katinka und Emanuel geboren. 1934 zog er nach Momberg.
Am 25.1.1940 wanderte er mit seinen Eltern in die USA aus.

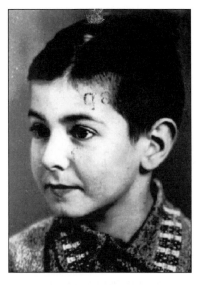

Heinz Rosenberg.
Kennkartenfoto um 1939.

Familie Spier (Michels), Haus Nr. 27

Isaak Spier wurde am 22.10.1875 in Momberg geboren. Er war der Ehemann von
Johanna. Isaak Spier handelte mit Eisenwaren, landwirtschaftlichen Maschinen,
Geräten, Zement, und betrieb eine Ziegelei
sowie eine Matzenbäckerei. Isaak Spier war
vom 20.5.1941 bis zum 28.1.1942 als 'Schutz-
häftling' im Arbeitslager Breitenau inhaftiert. Am 11.3.1942 zog er nach Frankfurt
ins jüdische Altersheim. Von dort wurde
er am 18.8.1942 ins Ghetto Theresienstadt
deportiert. Isaak Spier ist umgekommen.

Johanna Spier, geborene Rothschild, wurde am 24. Mai 1878 in Neukirchen geboren.
Sie zog am 5.6.1942 nach Frankfurt ins jüdische Altersheim. Von dort deportierte
man sie in das Ghetto Theresienstadt. Jo-

Isaak Spier.
Kennkartenfoto um 1939.

hanna Spiers Spur verliert sich in Minsk. Die Umstände ihrer Ermordung sind nicht bekannt.

Sidonie (Toni) Spier, verheiratete Jacob, wurde am 5.9.1906 als Tochter von Johanna und Isaak in Momberg geboren. Vor 1936 zog sie von Momberg weg und ist dann nach Palästina ausgewandert.

Käthe Spier, verheiratete Grégoire, wurde am 29.7.1907 als Tochter von Johanna und Isaak in Momberg geboren. 1934 wanderte sie nach Frankreich aus.

Ruth Spier, verheiratete Lion, wurde am 19.1.1909 in Momberg als Tochter von Johanna und Isaak geboren. Von Beruf war sie Hausangestellte. September 1931 zog sie von Köln nach Paris. Weil sie 1934 aus Frankreich ausgewiesen wurde, ging sie zurück nach Momberg. 1934 arbeitete Ruth Spier als Hausangestellte in Kirchhain. 1939 zog sie von Frankfurt nach Momberg. Mit ihrem Ehemann Ludwig Lion aus Nordeck wurde sie am 8.12.1941 von Marburg ins Ghetto Riga deportiert. Sie hat überlebt.

Johanna Spier.
Kennkartenfoto um 1939.

Ruth Spier.
Kennkartenfoto um 1939.

Familie Spier (Michels), Haus Nr. 47

Siegfried Spier, wurde am 14.5.1887 in Momberg geboren. Er war der Ehemann von Sitta Blumenfeld. Von Beruf war er Matzenbäcker und Nudelfabrikant. Am 6.9.1942 wurde er ins Ghetto Theresienstadt und am 4.10.1944 ins Konzentrations- und Vernichtungslager Auschwitz deportiert, wo sich seine Spur verliert. Die Umstände seiner Ermordung sind nicht bekannt.

Sitta (Sida) Spier, geborene Blumenfeld, wurde am 26.7.1896 in Momberg geboren. Am 6.9.1942 deportierte man sie ins Ghetto Theresienstadt und am 4.10.1944 weiter ins Konzentrations- und Vernichtungslager Auschwitz, wo sich ihre Spur verliert. Die Umstände ihrer Ermordung sind nicht bekannt.

Siegfried Spier.
Kennkartenfoto um 1939.

Sitta Spier.
Kennkartenfoto um 1939.

Manfred Spier wurde am 29.11.1925 als Sohn von Sitta und Siegfried in Momberg geboren. Am 1.1.1940 zog er nach Frankfurt ins israelische Lehrlingsheim. Am 8.9.1942 wurde er von Momberg ins Ghetto Theresienstadt und am 1.10.1944 ins Konzentrations- und Vernichtungslager Auschwitz deportiert. Am 10.10.1944 wurde er ins Konzentrationslager Dachau verlegt. Dort ist Manfred Spier am 16.3.1945 an Hungertyphus gestorben.

Gisela Spier wurde am 29.11.1928 als Tochter von Sitta und Siegfried in Momberg geboren. Am 1.1.1940 zog sie nach Frankfurt. Am 5.6.1942 zog sie zurück nach Momberg zu ihren Eltern. Vor hier wurde sie am 8.9.1942 mit ihnen ins Ghetto Theresienstadt und am 4.10.1944 ins Konzentrations- und Vernichtungslager Auschwitz deportiert. Von dort verschleppte man sie zur Zwangsarbeit in den Freia-Flugzeugwerken in Freiberg/Sachsen. Im Konzentrationslager Mauthausen wurde sie 1945 befreit. Sie ist zuerst nach Israel, von dort in die USA und in den fünfziger Jahren nach Kanada ausgewandert.

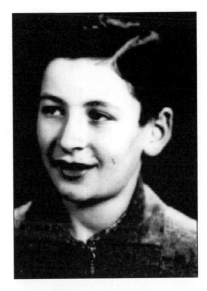

Manfred Spier.
Kennkartenfoto um 1939.

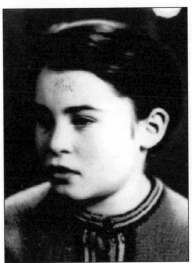

Gisela Spier.
Kennkartenfoto um 1939.

Familie Aufsesser, Querstraße 3

Martin Aufsesser wurde am 8.6.1896 in Aufseß geboren. Er war Metzger von Beruf. Am 16.9.1935 wanderte er in die USA aus.

Bella Aufsesser, geborene Levi, wurde am 2. März 1903 in Neustadt geboren. Sie ist am 16. September 1935 in die USA ausgewandert.

Familie Blumenfeld, Marktstraße 17

Hermann Blumenfeld wurde am 8.8.1880 in Neustadt geboren. Er war der Ehemann von Else Drucker. Von Beruf war er Kaufmann für Textilwaren. Er wanderte am 2.5.1939 in die Niederlande aus. Nach deren Besetzung deportierte man ihn von dort ins Konzentrations- und Vernichtungslager Auschwitz. Die Umstände seiner Ermordung sind nicht bekannt.

Else Blumenfeld, geborene Drucker, wurde am 30.6.1888 in Battenberg geboren. Sie war die Schwester von Hedwig Ehrlich. Am 2.5.1939 ist sie in die Niederlande ausgewandert. Von dort aus wurde sie ins Konzentrations- und Vernichtungslager Auschwitz deportiert. Die Umstände ihrer Ermordung sind nicht bekannt.

Erich Blumenfeld wurde am 4.4.1913 als Sohn von Else und Hermann in Neustadt geboren. Er wanderte 1935 in die Niederlande aus.

Hilde Blumenfeld, verheiratete Seelig, wurde am 18.6.1915 in Neustadt als Tochter von Else und Hermann geboren. Am 21.11.1935 zog sie in die Niederlande. Von dort wurde sie nach deren Besetzung ins Konzentrations- und Vernichtungslager Auschwitz deportiert. Die Umstände ihrer Ermordung sind nicht bekannt.

*Hermann Blumenfeld.
Paßfoto von 1934.*

Lieselotte Blumenfeld wurde am 23. November 1917 als Tochter von Else und Hermann in Neustadt geboren. 1937 wanderte sie in die USA aus.

Hedwig Ehrlich, geborene Drucker, wurde am 30.5.1894 in Battenberg geboren. Sie war Witwe und zog 1937 zu ihrer Schwester Else nach Neustadt. Am 8.4.1940 wanderte sie in die USA aus.

Friedel Julie Ehrlich wurde am 15.9.1933 als Tochter von Hedwig und Adolf Ehrlich in Wannfried geboren. Am 8.4.1940 wanderte sie mit ihrer Mutter in die USA aus.

Else Blumenfeld.
Paßfoto von 1934.

Familie Blumenfeld, Marktstraße 30

Moses Blumenfeld wurde am 16.5.1879 in Neustadt geboren. Er war der Ehemann von Sara Rothschild. Von Beruf war er Handelsmann für Textil- und Manufakturwaren und für Schuhe. Moses Blumenfeld war zum katholischen Glauben konvertiert. Am 14.6.1939 zog er nach Frankfurt. Von dort wurde er deportiert. Moses Blumenfelds Spur verliert sich im Ghetto Lodz. Die Umstände seiner Ermordung sind nicht bekannt.

Sara Blumenfeld, geborene Rothschild, wurde am 11.7.1885 in Oberaula geboren. Sie konvertierte zum katholischen Glauben. Am 14.6.1939 zog Sara Blumenfeld nach Frankfurt. Von dort wurde sie deportiert. Sara Blumenfeld ist im Ghetto

Moses Blumenfeld.
Kennkartenfoto um 1939.

Lodz verschollen. Die Umstände ihrer Ermordung sind nicht bekannt.

Julius Blumenfeld wurde am 4.4.1909 in Neustadt als Sohn von Sara und Moses geboren. Er war katholisch. 1936 ist er nach Argentinien ausgewandert.

Familie Blumenfeld, Bahnhofstraße 6

Hugo Blumenfeld wurde am 30.8.1882 in Momberg geboren. Er war mit Frieda Stern verheiratet und von Beruf Lehrer. Am 5. Januar 1939 zog er nach Frankfurt. Er wurde deportiert und im Vernichtungslager Auschwitz ermordet.

Frieda Blumenfeld, geborene Stern, wurde am 31.5.1896 in Zimmersrode geboren. Am am 5.1.1939 zog sie nach Frankfurt. Frieda Blumenfeld erlitt das gleiche Schicksal wie ihr Mann.

Martin Blumenfeld wurde am 6.1.1913 als Sohn von Frieda und Hugo in Frankenau geboren. Er konnte 1935 auswandern.

Hugo Blumenfeld.
Kennkartenfoto um 1939.

Familie Kanter, Querstraße

Abraham Kanter wurde am 8.1.1874 in Neustadt geboren. Er war der Ehemann von Karoline Weinberg und von Beruf Viehhändler. Am 20.5.1941 wurde er nach Fronhausen umgesiedelt und von dort am 31.5.1942 ins Ghetto Lublin deportiert. Abraham Kanter kehrte nicht wieder zurück. Die Umstände seiner Ermordung sind nicht bekannt.

Karoline Kanter, geborene Weinberg, wurde am 4.8.1883 in Lichtenroth geboren. Am 20.5.1941 wurde sie nach Fronhausen umgesiedelt. Von dort deportierte man sie am 31.5.1942 ins Ghetto Lublin, wo sich ihre Spur verliert. Die Umstände ihrer Ermordung sind nicht bekannt.

Ludwig Kanter wurde am 31.12.1906 als Sohn von Karoline und Abraham in Neustadt geboren. Am 5.10.1939 zog er nach Mallnow. Am 20.5.1941 wurde er nach Fronhausen umgesiedelt und von dort am 31.5.1942 ins Ghetto Lublin deportiert. Ludwig Kanter gilt als verschollen. Die Umstände seiner Ermordung sind nicht bekannt.

Gerda Kanter wurde am 21.10.1909 als Tochter von Karoline und Abraham in Neustadt geboren. Sie ist vor 1936 von Neustadt weggezogen. Von Buttenhausen deportierte man sie in das Ghetto Riga. Nach dem Krieg wurde sie für tot erklärt. Umstände und Ort ihrer Ermordung sind nicht bekannt.

Ludwig Kanter.
Kennkartenfoto um 1939.

Walter Kanter wurde am 18.10.1922 in Neustadt als Sohn von Karoline und Abraham geboren. Am 20.5.1941 siedelte man ihn nach Fronhausen um. Von dort wurde er am 31.5.1942 ins Ghetto Lublin deportiert. Walter Kanter ist am 13.9.1942 in Majdanek/Lublin umgekommen.

Familie Kanter, Hindenburgstraße

David Kanter wurde am 8.11.1874 in Neustadt geboren. Er war der Ehemann von Ella Hammerschlag. David Kanter betrieb zusammen mit seinem Bruder Emanuel die Metzgerei in der Marktstraße 12. Am 6.7.1938 ist er in Neustadt gestorben.

Ella Kanter, geborene Hammerschlag, wurde am 20.3.1881 in Gensungen geboren. Sie verstarb am 18. August 1935 in Neustadt.

Hugo Kanter wurde am 17.3.1906 in Neustadt als Sohn von Ella und David geboren. Von Beruf war er Metzger. Am 20.5.1941 wurde er nach Fronhausen umgesiedelt, von wo man ihn am 8.12.1941 ins Ghetto Riga deportierte. Von dort kam Hugo

Kanter in das Konzentrationslager Stutthof, dann in das Zwangsarbeiterlager Stolp/Pommern. Kurz vor Kriegsende wurde er vom KZ Stutthof in einem Kohlenkahn nach Neustadt/Holstein verbracht, wo er am 3.5.1945 befreit wurde. Nach der Befreiung kehrte Hugo Kanter zunächst nach Neustadt zurück. 1947 wanderte er in die USA aus.

Moritz Kanter wurde am 3.4.1907 als Sohn von Ella und David in Neustadt geboren. Er war ebenfalls Metzger. Er zog am 10.10.1939 über Frankfurt/Oder nach Mallnow. Er wurde dann am 20.5.1941 nach Fronhausen umgesiedelt und von dort am 8.12.1941 ins Ghetto Riga deportiert. Am 16.2.1945 ist Moritz Kanter im Konzentrationslager Buchenwald umgekommen.

Hugo Kanter.
Kennkartenfoto um 1939.

Moritz Kanter.
Kennkartenfoto um 1939.

Selma Kanter wurde am 5.4.1909 in Neustadt als Tochter von Ella und David geboren. Sie ist am 20.5.1941 nach Fronhausen umgesiedelt worden. Von dort deportierte man sie am 8.12.1941 ins Ghetto Riga. 1945 wurde sie aus dem Konzentrations- und Vernichtungslager Auschwitz befreit und lebte für einige Zeit wieder in Neustadt. Selma Kanter ist 1948 in die USA ausgewandert.

Max Kanter wurde am 1.3.1912 als Sohn von Ella und David in Neustadt geboren. 1935 ist er nach Berlin weggezogen und dann nach Argentinien ausgewandert.

Gertrud Kanter verheiratete Ansbacher, wurde am 26.7.1915 in Gensungen als Tochter von Ella und David geboren. 1936/37 zog sie aus Neustadt weg, kehrte aber am 21.4.1938 wieder zurück. Sie wanderte am 26.6.1939 nach England aus.

Emil Kanter wurde am 20.6.1923 als Sohn von Ella und David in Neustadt geboren. Am 9.1.1939 zog er nach Frankfurt. Er ist nach Australien ausgewandert.

Selma Kanter.
Kennkartenfoto um 1939.

Emil Kanter.
Kennkartenfoto um 1939.

Familie Kanter, Marktstraße 14

Emanuel Kanter wurde am 7.12.1881 in Neustadt geboren. Er war von Beruf Metzger. Zusammen mit seinem Bruder David hat er die Metzgerei des Vaters Elias Kanter übernommen. Am 20.5.1941 wurde er nach Fronhausen umgesiedelt und von dort am 8.12.1941 ins Ghetto Riga deportiert. Emanuel Kanter kehrte nicht wieder zurück. Umstände und Ort seiner Ermordung sind nicht bekannt.

Pauline Kanter wurde am 30.4.1878 in Neustadt geboren. Am 20.5.1941 wurde sie nach Fronhausen umgesiedelt und von dort am 8.12.1941 ins Ghetto Riga deportiert, wo sich ihre Spur verliert. Umstände und Ort ihrer Ermordung sind nicht bekannt.

Emanuel Kanter.
Kennkartenfoto um 1939.

Pauline Kanter.
Kennkartenfoto um 1939.

Familie Kanter, Lehmkaute *(Adolf-Hitler-Straße)* 2

Hermann Kanter wurde am 2.2.1876 in Neustadt geboren. Er war der Ehemann von Fanny Stiefel und von Beruf Handelsmann. Am 15.12.1937 verstarb er in Neustadt.

Fanny (Jenny) Kanter, geborene Stiefel, wurde am 16.3.1880 in Birklar/Kreis Gießen geboren. Am 20.12.1940 zog sie nach Marburg. Sie ist am 24.7.1941 in die USA ausgewandert.

Klara Kanter, verheiratete Isenberg, wurde am 9.12.1907 geboren. Sie ist vor 1936 von Neustadt weggezogen und 1941 in die USA ausgewandert (s.a. Elnhausen).

Irene (Irma) Kanter wurde am 5.5.1910 in Neustadt als Tochter von Fanny und Hermann geboren. Sie war Verkäuferin von Beruf. Am 13.7.1936 ist Irene Kanter in die USA ausgewandert.

Ilse (Else) Kanter wurde am 16.3.1918 als Tochter von Fanny und Hermann in Neustadt geboren. Sie war Verkäuferin von Beruf. Am 12.4.1938 wanderte sie in die USA aus.

Hans Kanter wurde am 13.1.1920 als Sohn von Fanny und Hermann in Neustadt geboren. Am 12.4.1938 wanderte er in die USA aus.

Familie Kanter/Blumenthal, Hinter der Kirche 1

Moses Kanter I wurde am 15.12.1865 in Neustadt geboren. Er war mit Clara Arfeld verheiratet. Von Beruf war er Handelsmann. Am 20.5.1941 wurde Moses Kanter nach Fronhausen umgesiedelt, wo er am 17.8.1941 gestorben ist.

Clara Kanter, geborene Arfeld, wurde am 27.7.1878 geboren. Sie ist am 16.5.1934 in Neustadt gestorben.

Jenny Blumenthal wurde am 15.8.1891 geboren. Sie ist 1936/37 weggezogen.

Edith Blumenthal wurde am 23.9.1913 geboren. 1934 zog sie von Battenfeld/Kreis Frankenberg nach Antwerpen und später dann nach Portugal. 1936 ist sie in die USA ausgewandert.

Moses Kanter I.
Kennkartenfoto um 1939.

Rosa Sachs wurde am 15.6.1870 in Hann. Münden geboren. Von Beruf war sie Hausangestellte. Sie zog am 24.6.1938 von Hildburghausen nach Neustadt. Am 20.5.1941 wurde sie nach Fronhausen umgesiedelt und von dort am 8.12.1941 ins Ghetto Riga deportiert, wo sich ihre Spur verliert. Umstände und Ort ihrer Ermordung sind nicht bekannt.

Familie Kanter/Rosenbusch, Ringstraße 3

Moses Kanter II wurde am 27.6.1871 in Neustadt geboren. Er war der Ehemann von Hermine Marburger und von Beruf Viehhändler. Am 15.5.1938 ist er nach Südafrika ausgewandert

Hermine Kanter, geborene Marburger, wurde am 10.2.1877 in Laasphe geboren. Sie wanderte am 15.5.1938 nach Südafrika aus.

Jettchen Kanter, geborene Fürst, wurde am 28.12.1878 in Rotenkirchen/Kreis Hünfeld geboren. Am 12.2.1936 zog sie nach Fulda. 1937 lebte sie kurzzeitig wieder in Neustadt, zog aber am 29.11.1937 nach Frankfurt.

Leopold Bernhard Rosenbusch wurde am 29.3.1893 in Borken geboren. Er war der Ehemann von Frieda Kanter. Von Beruf war er Kaufmann und Metzger. Am 30.6.1936 ist er nach Südafrika ausgewandert.

Frieda Rosenbusch, geborene Kanter wurde am 8.8.1899 in Neustadt geboren. Am 20.7.1936 ist sie nach Südafrika ausgewandert.

Herbert Rosenbusch wurde am 21.11.1923 in Marburg als Sohn von Frieda und Leopold geboren. Er ist am 20.7.1936 mit den Eltern nach Südafrika ausgewandert.

Katzenstein, Bogenstraße

Lotte Katzenstein wurde am 23.11.1920 in Schenklengsfeld geboren. Sie war Schneiderin von Beruf. Am 1.11.1937 zog sie zurück nach Schenklengsfeld.

Familie Levi, Querstraße 4

Abraham Levi wurde am 30.8.1862 in Neustadt geboren. Er war der Ehemann von Karoline Rose und von Beruf Metzger und Schächter. Am 18.8.1936 ist er in Neustadt gestorben.

Karoline Levi, geborene Rose, wurde am 23.6.1868 in Frankenau geboren. 26.11.1938 ist sie in die USA ausgewandert.

Martha Levi wurde am 1.12.1900 als Tochter von Karoline und Abraham geboren. Von Beruf war sie Kontoristin. Sie wanderte in die USA aus.

Giedel Levi wurde am 7.12.1863 in Neustadt geboren. Am 14.7.1938 zog sie nach Frankfurt ins jüdische Altersheim. Von dort deportierte man Giedel Levi ins Ghetto Theresienstadt, wo sie am 1.11.1942 umgekommen ist.

Martha Levi.
Kennkartenfoto um 1939.

Giedel Levi.
Kennkartenfoto um 1939.

Familie Levi, Bahnhofstraße 6

Hermann Levi wurde am 20.2.1881 in Neustadt geboren. Er war der Ehemann von Jettchen Rosenblatt und von Beruf Handelsmann. Vom 20.5.1941 bis 7.8.1941 war Hermann Levi im Zwangsarbeiterlager Breitenau inhaftiert, von wo er ins Konzentrationslager Sachsenhausen gebracht wurde. Hermann Levi ist am 27.8.1942 im Konzentrationslager Sachsenhausen umgekommen.

Jettchen Levi, geborene Rosenblatt, wurde am 7.2.1887 in Beiseförth oder Binsförth/Krs. Melsungen geboren. Am 20.5.1941 wurde sie nach Roth umgesiedelt. Jettchen Levi war vom 11.7.1941 bis zum 28.7.1941 im Zwangsarbeiterlager Breitenau inhaftiert. Sie wurde am 8.12.1941 von Roth ins Ghetto Riga deportiert, wo sich ihre Spur verliert. Umstände und Ort ihrer Ermordung sind nicht bekannt.

Gertrud Levi wurde am 7.11.1920 als Tochter von Jettchen und Hermann in Neustadt geboren. Von Beruf war sie Hausangestellte. Am 26.11.1938 wanderte sie in die USA aus.

Anneliese Levi wurde am 21.4.1922 in Neustadt als Tochter von Jettchen und Hermann geboren. Am 1.6.1936 zog sie nach Frankfurt und am 7. August 1939 auf das Haschara-Umschulungsgut Steckelsdorf/Kreis Magdeburg. Von dort kehrte sie am 26.1.1940 nach Neustadt zurück und zog dann am 21.5.1940 nach Frankfurt. Von Roth aus deportierte man sie zusammen mit ihrer Mutter am 8.12.1941 ins Ghetto Riga. Umstände und Ort ihrer Ermordung sind nicht bekannt.

Hermann Levi.
Kennkartenfoto um 1939.

Anneliese Levi.
Kennkartenfoto um 1939.

Edith Levi wurde am 23.11.1923 als Tochter von Jettchen und Hermann in Neustadt geboren. Am 21.12.1938 zog sie nach Frankfurt, am 27.11.1939 von Hamburg nach Neustadt. Am 20.5.1941 wurde sie zunächst nach Roth umgesiedelt von dort am 8.12.1941 ins Ghetto Riga deportiert. Edith Levis Spur verliert sich im Konzentrationslager Stutthof. Die Umstände ihrer Ermordung sind nicht bekannt.

Sternfels Levi wurde am 14.3.1939 in Neustadt geboren. Unklar ist das verwandtschaftliche Verhältnis zur Familie Levi. Für den 14.9.1940 ist seine Abmeldung nach Frankfurt vermerkt. Sein weiteres Schicksal ist unbekannt.

Edith Levi.
Kennkartenfoto um 1939.

Familie Levi, Krummegasse *(Bogenstraße)* 1

Sally Friedrich Levi wurde am 12.6.1889 in Neustadt geboren. Er war der Ehemann von Frieda Stern. Von Beruf war er Kaufmann. Als Inhaber der Firma M. Stern handelte er mit Futtermitteln, Getreide und Düngemitteln. Am 27.2.1939 zog er nach Köln. Am 30.10.1941 wurde er ins Ghetto Lodz deportiert, wo sich seine Spur verliert. Die Umstände seiner Ermordung sind nicht bekannt.

Sally Friedrich Levi.
Kennkartenfoto um 1939.

Frieda Levi, geborene Stern, wurde am 15.10.1899 in Neustadt geboren. Sie zog am 2.1.1939 nach Köln. Am 30.10.1941 deportierte man sie ins Ghetto Lodz, wo sich ihre Spur verliert. Die Umstände ihrer Ermordung sind nicht bekannt.

Alma Levi wurde am 22.3.1923 als Tochter von Frieda und Sally in Marburg geboren. 1937 zog sie nach Köln. Am 30.10.1941 wurde sie ins Ghetto Lodz deportiert.

Lina Stern, geborene Katz, wurde am 9. Dezember 1865 in Hungen geboren. Sie war verheiratet mit Abraham Stern und die Mutter von Frieda. Am 2.1.1939 ist sie nach Köln gezogen. Am 30.10.1941 wurde sie ins Ghetto Lodz deportiert. Dort verliert sich ihre Spur. Die Umstände ihrer Ermordung sind nicht bekannt.

Frieda Levi.
Kennkartenfoto um 1939.

Familie Lilienfeld, Hindenburgstraße 7

Isaak Lilienfeld wurde am 17.6.1867 in Neustadt geboren. Er war der Ehemann von Fanny Levy und von Beruf Handelsmann. Am 20.5.1941 wurde er nach Roth umgesiedelt und von dort am 6.9.1942 ins Ghetto Theresienstadt deportiert. Dort ist Isaak Lilienfeld am 20.10.1942 umgekommen.

Isaak Lilienfeld.
Kennkartenfoto um 1939.

Fanny Franziska Lilienfeld, geborene Levy, wurde am 24.11.1868 in Bierstadt/ Wiesbaden geboren. Am 20.5.1941 wurde sie nach Roth umgesiedelt. Von dort deportierte man sie am 6.9.1942 ins Ghetto Theresienstadt. Dort ist Franziska Lilienfeld am 9.12.1942 umgekommen.

Max Lilienfeld wurde am 25.10.1896 als Sohn von Fanny und Isaak in Neustadt geboren. Er war der Ehemann von Rosa und von Beruf Handelsmann. Vom 20.5.1941 bis 8.8.1941 war er im Zwangs-arbeiterlager Breitenau inhaftiert, von wo er in das Konzentrationslager Groß-Rosen gebracht wurde. Max Lilienfeld ist am 16.12.1941 dort umgekommen.

Rosa Lilienfeld, geborene Kahn, wurde am 8.5.1906 in Mansfeld/Thüringen geboren. Am 20.5.1941 wurde sie nach Roth

Fanny Franziska Lilienfeld.
Kennkartenfoto um 1939.

Max Lilienfeld.
Kennkartenfoto um 1939.

Rosa Lilienfeld.
Kennkartenfoto um 1939.

umgesiedelt, von wo aus man sie am 6.9.1942 ins Ghetto Theresienstadt deportierte. Am 9.10.1944 verschleppte man Rosa Lilienfeld ins Konzentrations- und Vernichtungslager Auschwitz. Sie wurde ermordet.

Hans Lilienfeld wurde am 10.4.1930 als Sohn von Rosa und Max in Neustadt geboren. Anfang 1939 wurde er mit einem Kindertransport nach Belgien geschickt. Die Verschickung scheiterte. Am 19.12.1940 kam er aus Antwerpen zurück und wurde am 31.1.1941 nach Frankfurt ins jüdische Waisenhaus gebracht. Von Roth wurde er am 6.9.1942 zusammen mit seiner Mutter ins Ghetto Theresienstadt deportiert. Am 9.10.1944 verschleppte man ihn ins Konzentrations- und Vernichtungslager Auschwitz, wo sich seine Spur verliert. Die Umstände seiner Ermordung sind nicht bekannt.

Walter Lilienfeld wurde am 1.6.1935 als Sohn von Rosa und Max in Marburg geboren. Am 20.5.1941 wurde er nach Roth umgesiedelt und von dort am 6.9.1942 ins Ghetto Theresienstadt deportiert. Am 9.10.1944 kam er ins Konzentrations- und Vernichtungslager Auschwitz. Walter Lilienfeld kehrte nicht wieder zurück. Die Umstände seiner Ermordung sind nicht bekannt.

Hans Lilienfeld.
Kennkartenfoto um 1939.

Familie Lilienfeld, Mauerstraße 4

Meier Moritz Lilienfeld wurde am 25.1.1877 in Neustadt geboren. Er war der Ehemann von Fanny Braunschweiger und von Beruf Handelsmann. Am 20.5.1941 wurde er nach Roth umgesiedelt, von wo aus man ihn am 8.12.1941 ins Ghetto Riga deportierte, wo sich seine Spur verliert. Umstände und Ort seiner Ermordung sind nicht bekannt.

Fanny Lilienfeld, geborene Braunschweiger, wurde am 11.1.1884 in Burghaun geboren. Sie wurde am 20.5.1941 nach Roth umgesiedelt. Von dort deportierte man sie am 8.12.1941 ins Ghetto Riga. Fanny Lilienfeld kehrte nicht wieder zurück. Umstände und Ort ihrer Ermordung sind nicht bekannt.

Blanka Lilienfeld wurde am 23.7.1901 als Tochter von Fanny und Meier in Neustadt

Meier Moritz Lilienfeld.
Kennkartenfoto um 1939.

Fanny Lilienfeld.
Kennkartenfoto um 1939.

Blanka Lilienfeld.
Paßfoto von 1939.

geboren. 1938 zog sie zurück nach Neustadt. Am 30.3.1939 wanderte sie in die USA aus.

Emmi Alise Lilienfeld wurde am 10. Dezember1913 als Tochter von Fanny und Meier in Neustadt geboren. Sie war Modistin von Beruf und ist schon vor 1936 von Neustadt weggezogen. Am 30.3.1939 konnte sie mit ihrer Schwester Blanka in die USA auswandern.

Adelheid Lilienfeld, geborene Marx, wurde am 14.1.1852 in Gemünden geboren. Sie war die Mutter von Meier. Am 29.11.1940 ist sie in die USA ausgewandert.

Familie Lilienstern, Marktstraße 34 (46)

Leopold Lilienstern wurde am 9.4.1858 in Ortenberg geboren. Er war der Ehemann von Rosalie Löwenthal. Am 16.12.1936 ist er in Neustadt gestorben.

Rosalie Lilienstern, geborene Löwenthal, wurde am 5.6.1870 in Hann. Münden geboren. Sie verstarb am 16.5.1937 in Neustadt.

Familie Rosenthal, Marburgerstraße

Bruno Rosenthal wurde am 29.11.1886 in Kalwe/Westpreußen geboren. Er war Ehemann von Bianka Bachrach. Von Beruf Kaufmann, betrieb er die Firma *A. Bachrach Nachf.* Vom 29.4.1941 bis zum 3.12.1941 war Bruno Rosenthal im Zwangsarbeiterlager Breitenau inhaftiert. Am 8.12.1941, wenige Tage nach seiner Freilassung aus dem Zwangsarbeiterlager Breitenau, wurde er von Roth ins Ghetto Riga deportiert. Bruno Rosenthal kehrte nicht wieder zurück. Umstände und Ort seiner Ermordung sind nicht bekannt.

Bianka Rosenthal, geborene Bachrach, wurde am 21.5.1886 in Neustadt geboren. Sie war Lehrerin von Beruf. Am 20.5.1941 siedelte man sie nach Roth um. Bianka Rosenthal war vom 15.7.1941 bis zum 31.7.1941 im Zwangsarbeiterlager Breite-

Bianka Rosenthal.
Kennkartenfoto um 1939.

154

nau inhaftiert. Sie wurde am 8.12.1941 von Roth ins Ghetto Riga deportiert, wo sich ihre Spur verliert. Umstände und Ort ihrer Ermordung sind nicht bekannt.

Abraham Bachrach wurde am 21. Juni 1859 geboren. Er war der Vater von Bianka. Am 10. Februar 1934 ist er in Neustadt gestorben.

Familie Rothschild, Krummegasse *(Bogenstraße)* 11

Siegfried Rothschild wurde am 14.7.1903 in Alsfeld geboren. Er war der Ehemann von Ella Weiler und von Beruf Kaufmann. Am 27.4.1936 wanderte er nach Südafrika aus.

Ella Esther Rothschild, geborene Weiler, wurde am 13.7.1901 in Neustadt geboren.

Sie ist am 20.8.1936 nach Südafrika ausgewandert.

Edith Rothschild wurde am 27. April 1931 als Tochter von Ella und Siegfried in Alsfeld geboren. Sie ist am 20. August 1936 mit ihren Eltern nach Südafrika ausgewandert.

Familie Schirling, Bahnhofstraße 8

Sara Schirling, geborene Stern, wurde am 11. Januar 1889 in Zimmersrode geboren. Am 24.6.1936 zog sie in die Niederlande.

Walter Schirling wurde am 28.8.1924 in Geilshausen/Kreis Gießen als Sohn von Sara geboren. Walter Schirling ging mit seiner Mutter am 24.6.1936 in die Niederlande.

Familie Schulmann, Marktstraße 46

Hirsch Schulmann wurde am 11.1.1893 in Minsk/Rußland geboren. Er war der Ehemann von Frieda Lilienstern. Als Kaufmann handelte er mit Textilien. Am 26.7.1939 ist er in die USA ausgewandert.

Frieda Schulmann, geborene Lilienstern, wurde am 18.6.1896 als Tochter von Rosalie und Leopold in Neustadt geboren. Sie verstarb am 12.12.1936 in Neustadt.

Sonja Schulmann wurde am 16.5.1927 als Tochter von Frieda und Hirsch in Neustadt geboren. 1937 ist sie aus Neustadt weggezogen. Am 15.6.1939 kam sie aus dem Internat in Bad Nauheim zurück nach Neustadt. Am 26.7.1939 ist sie in die USA ausgewandert.

Familie Stern, Lehmkaute *(Adolf-Hitler-Straße)* 7

Salomon Stern wurde am 1.2.1869 in Neustadt geboren. Er starb am 20.3.1935 in Neustadt.

Karl Stern wurde am 30.3.1901 in Neustadt geboren. Er war der Ehemann von Erna Abraham. Karl Stern war Kaufmann und handelte u.a. mit Wein. Am 20.5.1941 wurde er nach Roth umgesiedelt und von dort am 8.12.1941 ins Ghetto Riga deportiert. Er hat überlebt.

Erna Stern, geborene Abraham, wurde am 1.11.1905 in Okriftel geboren. Am 20.5.1941 wurde sie nach Roth umgesiedelt. Von dort deportierte man sie am 8.12.1941 ins Ghetto Riga.

Harry Stern wurde am 6.2.1931 als Sohn von Erna und Karl in Neustadt geboren. Am 8.12.1941 wurde er mit seinen Eltern von Roth ins Ghetto Riga deportiert.

Karl Stern.
Kennkartenfoto um 1939.

Ellen Stern wurde am 16.8.1932 in Okriftel als Tochter von Erna und Karl geboren. Sie zog am 2.9.1940 nach Frankfurt ins Internat. Von Roth aus wurde sie am 8.12.1941 zusammen mit ihren Eltern ins Ghetto Riga deportiert, wo sich ihre Spur verliert. Umstände und Ort ihrer Ermordung sind nicht bekannt.

Marion Stern wurde am 9.10.1935 als Tochter von Erna und Karl in Okriftel geboren. Am 20. Mai 1941 wurde sie nach Roth umgesiedelt und von dort am 8.12.1941 zusammen mit ihren Eltern ins Ghetto Riga deportiert. Marion Sterns Spur verliert sich im Konzentrations- und Vernichtungslager Auschwitz. Die Umstände ihrer Ermordung sind nicht bekannt.

Paula Abraham, geborene Löwenstein, wurde am 22.9.1875 in Battenberg geboren. Sie war die Mutter von Erna. Am 18.9.1938 ist sie von Okriftel nach Neustadt gezogen. Sie wurde am 20.5.1941 nach Roth umgesiedelt und von dort am 8.12.1941 ins Ghetto Riga deportiert. Paula Abraham ist im Konzentrations- und Vernichtungslager Auschwitz verschollen. Die Umstände ihrer Ermordung sind nicht bekannt.

Familie Stern, Lehmkaute *(Adolf-Hitler-Straße)*

Ludwig Stern wurde am 1.9.1906 in Neustadt geboren. Er war der Ehemann von Regina und von Beruf Kaufmann. 1934/35 ist er ohne Abmeldung nach Mährisch-Ostrau weggezogen. Die Umstände seiner Ermordung sind nicht bekannt. Nach dem Krieg wurde er für tot erklärt. Als Todesort wurde das Konzentrations- und Vernichtungslager Auschwitz angegeben.

Regina Stern geborene Neuger (Krüger), wurde am 30.1.1910 in Troppau geboren. Sie ist 1934/35 ohne Abmeldung aus Neustadt nach Mährisch Ostrau weggezogen.

Familie Stern, Krummegasse *(Bogenstraße)* **19 (20)**

Moses Stern wurde am 2.9.1885 in Neustadt geboren. Er war der Ehemann von Cicilia Katz und von Beruf Viehhändler. Am 28.10.1937 wanderte er in die USA aus.

Cicilia (Zilli) Stern, geborene Katz, wurde am 5.7.1888 in Jesberg geboren. Sie wanderte am 28.10.1937 in die USA aus.

Kurt Stern wurde am 20.11.1920 als Sohn von Cicilia und Moses in Neustadt geboren. Er wanderte mit seinen Eltern in die USA aus.

Sara Stern wurde am 3.7.1876 in Neustadt geboren. Sie war die Schwester von Moses. Am 10.1.1937 ist sie in Neustadt gestorben.

Moses Stern.
Paßfoto von 1936.

Familie Stern, Krummegasse *(Bogenstraße)* 9

Simon Stern wurde am 15.10.1870 in Neustadt geboren. Er war der Ehemann von Bertha Neuhaus und von Beruf Kaufmann. Am 7.10.1940 zog er nach Frankfurt ins jüdische Altersheim. Von dort wurde er deportiert. Simon Stern ist im Ghetto Riga verschollen. Umstände und Ort seiner Ermordung sind nicht bekannt.

Bertha Stern, geborene Neuhaus, wurde am 9.2.1880 in Baumbach geboren. Sie ist am 27.10.1936 in Neustadt gestorben.

Samuel Neuhaus wurde am 2.6.1857 geboren. Er war wahrscheinlich der Vater von Bertha Stern. Am 23.3.1937 starb er in Neustadt.

Salemanca Strohbinger wurde am 22. November 1894 in Tarnow/Polen geboren. Sie war die Haushälterin bei der Familie Stern. Am 28.10.1938 wurde sie aus dem Deutschen Reich ausgewiesen.

Simon Stern.
Kennkartenfoto um 1939.

Familie Weil

Leopold Weil wurde am 29.8.1878 in Neustadt geboren. Er war der Ehemann von Selma. Von Beruf war er Lehrer. Er ist vor 1936 weggezogen. Von Frankfurt aus wurde er deportiert. Nach dem Krieg erklärte man Leopold Weil für tot. Umstände und Ort seiner Ermordung sind nicht bekannt.

Selma Weil wurde am 13.1.1883 in Neustadt geboren. Sie ist vor 1936 weggezogen.

Familie Weiler, Kreuzgasse 2

Gerson Weiler wurde am 6.11.1875 in Neustadt geboren. Er war der Bruder von Isaak und Wolf und verheiratet mit Rosa Abraham. Sein Beruf war Viehhändler. Am 14.10.1936 wanderte er nach Südafrika aus.

Rosa Weiler, geborene Abraham, wurde am 18.12.1878 in Schenklengsfeld geboren. Sie ist am 14.10.1936 nach Südafrika ausgewandert.

Max Weiler wurde am 26.8.1907 in Neustadt als Sohn von Rosa und Gerson geboren. Er war Viehhändler von Beruf und führte mit seinem Vater zusammen das Geschäft. Am 23.6.1936 wanderte er nach Südafrika aus.

Walter Weiler war ein weiterer Sohn von Rosa und Gerson. Er wanderte 1934 nach England aus.

Lotte Weiler war eine Tochter von Rosa und Gerson. Ihr Schicksal ist unbekannt. Sie hat Neustadt vor 1936 verlassen.

Familie Weiler, Krummegasse *(Bogengasse)* 18

Isaak Weiler wurde am 15.1.1868 in Neustadt geboren. Er war der Bruder von Wolf und Gerson und verheiratet mit Fanny Wertheim. Von Beruf war er Handelsmann. Am 25.7.1938 ist er nach Südafrika ausgewandert.

Fanny Weiler, geborene Wertheim, wurde am 23.11.1875 in Bürgeln geboren. Sie wanderte am 25.7.1938 nach Südafrika aus.

Familie Weiler I, Ritterstraße 13

Wolf Weiler I wurde am 17.12.1862 in Neustadt geboren. Er war der Bruder von Gerson und Isaak und der Ehemann von Bertha Israel. Von Beruf war er Handelsmann. Am 20.5.1941 wurde er nach Roth umgesiedelt. Von dort zog Wolf Weiler I am 18.7.1941 ins jüdische Altersheim nach Frankfurt. Dort ist er am 21.2.1942 gestorben.

Wolf Weiler I.
Kennkartenfoto um 1939.

Bertha Weiler, geborene Israel, wurde am 11.5.1868 in Dillich geboren. Am 20.5.1941 wurde sie nach Roth umgesiedelt, von wo sie am 18.7.1941 nach Frankfurt ins jüdische Altersheim kam. Von dort wurde sie deportiert. Bertha Weilers Spur verliert sich in Minsk. Die Umstände ihrer Ermordung sind nicht bekannt.

Bertha Weiler.
Kennkartenfoto um 1939.

Familie Weiler II, Marktstraße 13

Wolf Weiler II wurde am 15.3.1869 in Neustadt geboren. Er war der Ehemann von Amalie Blumenthal und von Beruf Viehhändler. Am 20.5.1941 wurde er nach Roth umgesiedelt. Von dort deportierte man ihn am 6.9.1942 ins Ghetto Theresienstadt. Am 29.9.1942 ist Wolf Weiler im Vernichtungslager Maly Trostinec/Minsk umgekommen.

Wolf Weiler II.
Kennkartenfoto um 1939.

Amalie Weiler, geborene Blumenthal, wurde am 1.7.1879 in Halsdorf geboren. Am 20.5.1941 wurde sie nach Roth umgesiedelt und von dort am 6.9.1942 ins Ghetto Theresienstadt deportiert. Amalie Weilers Spur verliert sich in Minsk. Die Umstände ihrer Ermordung sind nicht bekannt.

Berta Weiler, verheiratete Weil, wurde am 21.1.1904 als Tochter von Amalie und Wolf geboren. Sie ist vor 1936 weggezogen und in die USA ausgewandert.

Gustav Weiler wurde am 25.2.1901 als Sohn von Amalie und Wolf in Neustadt geboren. Er war der Ehemann von Rosa David. Von Beruf war er Viehhändler und Metzger. Er betrieb das Geschäft zusammen mit seinem Vater. Am 23.6.1938 zog er nach Kassel. Von dort kam er am 19.4.1939 wieder zurück nach Neustadt. Am 13. Mai 1940 wanderte Gustav Weiler über die UdSSR in die USA aus.

Amalie Weiler.
Kennkartenfoto um 1939.

Rosa Weiler.
Paßfoto von 1939.

Gustav Weiler.
Kennkartenfoto um 1939.

Rosa Weiler, geborene David, wurde am 9.11.1909 in Hammelburg geboren. Sie ist am 13.7.1940 in die USA ausgewandert.

Gerta Weiler wurde am 3.3.1935 als Tochter von Rosa und Gustav in Marburg geboren. Sie wanderte am 13.7.1940 in die USA aus.

Gerta Weiler.
Paßfoto von 1939.

Einzelpersonen

Bei diesen Personen konnte ihr Verwandtschaftsverhältnis noch nicht festgestellt werden, bzw. konnte nicht geklärt werden, bei welchen Familien sie arbeiteten. Ihre Schicksale sind meist nicht bekannt.

Betty Isaak wurde am 20.7.1907 in Hausen geboren. Von Beruf war sie Hausangestellte. Am 8.6.1938 zog sie nach Oberaula.

Käthe Levi wurde am 1.4.1911 in Neustadt geboren. Sie ist vor 1936 ausgewandert.

Grete Levi wurde am 23.6.1914 in Neustadt geboren. Wahrscheinlich zog sie 1935 nach Frankfurt.

Meier Gerson Weiler wurde am 8.12.1876 geboren. Er war von 1912 bis 1939 Lehrer. und wohnte in der Marburger Straße. Am 10.5.1939 konnte er nach Kuba (?) auswandern.

Grete Levi.
Paßfoto von 1933.

Familie Krämer (Koppels), Haus Nr. 85 *(Obergasse)*

Abraham Krämer wurde am 11.8.1860 in Hergershausen/Kreis Dieburg geboren. Er war Handelsmann von Beruf. Abraham Krämer wurde am 28.4.1941 nach Mardorf umgesiedelt. Dort verstarb er am 9.4.1941.

Hermann Krämer wurde am 1.2.1890 in Steinbach/Kreis Gießen als Sohn von Abraham geboren. Er war der Ehemann von Dina Stern. Von Beruf war er Manufakturwarenhändler und Landwirt. Schon 1939 war er zusammen mit Maier Stern auf Veranlassung der Zollfahndungsstelle Kassel verhaftet und im Gerichtsgefängnis Marburg inhaftiert worden. Am 6.5.1941 wurde er in das Zwangsarbeiterlager Breitenau gebracht. Am 18.7.1941 verschleppte man ihn von dort ins Konzentrationslager Buchenwald. Dort ist Hermann Krämer am 23.6.1942 umgekommen.

Dina Krämer, geborene Stern, wurde am 8.1.1888 in Niederklein geboren. Am

Abraham Krämer.
Foto des Kennkartenantrags 1938.

Dina Krämer.
Kennkartenfoto um 1939.

Hermann Krämer.
Foto des Kennkartenantrags 1938.

28.4.1941 wurde sie nach Mardorf umgesiedelt und am 8.12.1941 ins Ghetto Riga deportiert. Von dort brachte man sie ins Konzentrations- und Vernichtungslager Auschwitz. Dina Krämer kehrte nicht wieder zurück. Die Umstände ihrer Ermordung sind nicht bekannt.

Ilse Krämer wurde am 8.8.1921 in Niederklein als Tochter von Dina und Hermann geboren. Sie war Hausangestellte von Beruf. 1939 ist sie in die USA ausgewandert.

Renate Krämer wurde am 2.1.1925 als Tochter von Dina und Hermann in Niederklein geboren. Am 1.11.1939 zog sie nach Frankfurt. Am 28.4.1941 wurde sie nach Mardorf umgesiedelt und am 8. Dezember 1941 ins Ghetto Riga deportiert, wo sich ihre Spur verliert. Umstände und Ort ihrer Ermordung sind nicht bekannt.

Ilse Krämer.
Kennkartenfoto um 1939.

Renate Krämer.
Kennkartenfoto um 1939.

Walter Krämer wurde am 24.1.1927 in Niederklein als Sohn von Dina und Hermann geboren. Am 28.4.1941 siedelte man ihn nach Mardorf um. Am 8.12.1941 wurde er ins Ghetto Riga deportiert. Von dort brachte man ihn ins Konzentrationslager Stutthof und am 11.3.1945 ins Konzentrationslager Rieben. Dort wurde er befreit. Im Juli 1945 war Walter Krämer wieder in Niederklein, wanderte aber später in die USA aus.

Walter Krämer.
Kennkartenfoto um 1939.

Familie Stern (Lejsisch), Haus Nr. 109
(Obergasse, Ecke Schweinsberger Straße)

Levi Stern wurde am 5.12.1842 geboren. Er war der Ehemann von Sabine Spier und von Beruf Schafhändler. Am 31.12.1926 ist er gestorben.

Sabine Stern, geborene Spier, wurde am 9.6.1848 geboren. Sie verstarb am 11.1.1933.

Isaak Stern wurde am 22.8.1874 in Niederklein als Sohn von Sabine und Levi geboren. Er lebte in Kirchhain, wo er am 11.4.1933 verstarb (s.a. Kirchhain).

Jule Stern, geborene Stern, wurde am 28.8.1880 als Tochter von Sabine und Levi in Niederklein geboren. Sie heiratete nach Berleburg, wo sie noch 1939 wohnte. Ihr weiteres Schicksal ist nicht bekannt.

Leopold Stern wurde am 17.3.1886 in Niederklein als Sohn von Sabine und Levi geboren. Er war Kaufmann von Beruf und lebte in Gießen. Am 27.11.1933 verzog er mit seiner Familie nach Koblenz.

Siegmund Stern war ein Sohn von Sabine und Levi. Er ist schon als junger Mann nach Amerika ausgewandert.

Friederike Stern war eine Tochter von Sabine und Levi. Sie war mit Simon Haas/Mardorf verheiratet und ist vor 1936 aus Niederklein weggezogen.

Familie Stern (Eisigs), Haus Nr. 125 *(Schweinsberger Straße)*

Maier Stern II wurde am 20.5.1871 in Niederklein geboren. Er war der Bruder von Moritz Stern/Kirchhain und mit Pauline Rosenbaum verheiratet. Von Beruf war er Viehhändler, später handelte er mit Manufakturwaren. Maier Stern wurde 1939 auf Veranlassung der Zollfahndungsstelle Kassel verhaftet. Er hat sich am 22.7.1939 im Gerichtsgefängnis Marburg erhängt.

Pauline (Paula) Stern, geborene Rosenbaum, wurde am 30.3.1875 in Rodheim/Wetterau geboren. Am 28.4.1941 wurde sie zunächst nach Mardorf und am 30.2.1942 weiter nach Rauischholzhausen umgesiedelt worden. Von dort deportierte man sie am 6.9.1942 ins Ghetto Theresienstadt. Paula Stern ist am 8.9.1942 umgekommen.

Maier Stern II.
Kennkartenfoto um 1939.

Pauline (Paula) Stern.
Kennkartenfoto um 1939.

Julius Stern war ein Sohn von Pauline und Maier. Er ist vor 1936 weggezogen und dann in die USA ausgewandert.

Ernst Stern war ein Sohn von Pauline und Maier. Auch er ist vor 1936 weggezogen und ausgewandert.

Emma Stern wurde am 20.5.1879 in Niederklein geboren. Sie war die Schwester von Maier und von Beruf Pflegerin. Am 12.8.1939 zog sie nach Kassel. Sie wurde am 28.4.1941 nach Mardorf umgesiedelt und von dort am 8.12.1941 ins Ghetto Riga deportiert, wo sich ihre Spur verliert. Umstände und Ort ihrer Ermordung sind nicht bekannt.

Emma Stern.
Kennkartenfoto um 1939.

Familie Stern, Haus Nr. 38 *(Hauptstraße)*

Moses Stern II wurde am 3.10.1862 in Niederklein geboren. Er war der Vater von Hugo und der Ehemann von Berta Buxbaum. Von Beruf war er Viehhändler. Am 9.7.1937 zog er nach Kirchhain und von dort am 29.11.1937 nach Rauschenberg. Mit der Familie seiner Tochter Lina Katten wanderte er am 14.12.1938 in die USA aus (s.a. Rauschenberg).

Berta Stern, geborene Buxbaum, wurde Ende Februar 1862 geboren (in den amtlichen Unterlagen ist als Datum der 31. 2. 1862 angegeben!). Sie verstarb am 18. Dezember 1933 in Niederklein.

Bella Stern war eine Tochter von Berta und Moses. Sie heiratete in die Wetterau.

Hilde Stern, verheiratete Rothschild, wurde am 12.2.1892 in Niederklein als Tochter von Berta und Moses geboren. Sie lebte in Waldersbrück und zog 1940 nach Frankfurt.

Lina Stern, verheiratete Katten, wurde am 24.6.1899 als Tochter von Berta und Moses in Niederklein geboren. Sie war mit Arthur Katten in Rauschenberg verheiratet. Am 14.12.1938 ist sie in die USA ausgewandert (s.a. Rauschenberg).

Hugo Stern wurde am 17.12.1895 in Niederklein als Sohn von Berta und Moses geboren. Er war der Ehemann von Betti und von Beruf Viehhändler. Am 9.7.1937 zog er nach Kirchhain. Er wanderte am 24.11.1937 in die USA aus.

Betti Stern, geborene Katten, wurde am 26.4.1899 in Rauschenberg geboren. Sie zog am 9.7.1937 nach Kirchhain. Am 24.11.1937 ist sie in die USA ausgewandert.

Werner Stern wurde am 10.10.1926 als Sohn von Betti und Hugo geboren. Mit den Eltern zog er am 9.7.1937 nach Kirchhain und wanderte am 24.11.1937 in die USA aus.

Ilse Stern wurde am 10.2.1929 als Tochter von Betti und Hugo geboren. Mit den Eltern zog sie am 9.7.1937 nach Kirchhain und wanderte am 24.11.1937 in die USA aus.

Margot Stern wurde am 8.5.1930 als Tochter von Betti und Hugo in Marburg geboren. Mit den Eltern zog sie am 9.7.1937 nach Kirchhain und wanderte am 24. November 1937 in die USA aus.

Familie Lion (Jures), Haus Nr. 64 1/3 *(Allendorfer Straße)*

Adolf Lion wurde am 7.5.1878 in Nordeck geboren. Er war der Bruder von Emanuel Lion/Ebsdorf und der Ehemann von Frieda Grünewald. Er betrieb Viehhandel. Am 25.3.1941 zog Adolf Lion von Nordeck nach Marburg. Von dort deportierte man ihn am 8.12.1941 ins Ghetto Riga und dann weiter ins Vernichtungslager Auschwitz. Die Umstände seiner Ermordung sind nicht bekannt.

Fanny Frieda Lion, geborene Grünewald, wurde am 16.7.1876 in Bischofsheim/Hanau geboren. Sie betrieb ein Schuhgeschäft. Am 25.3.1941 zog sie nach Marburg. Von dort wurde Frieda Lion am 8.12.1941 ins Ghetto Riga deportiert, wo sich ihre Spur verliert. Die Umstände ihrer Ermordung sind nicht bekannt.

Adolf Lion.
Kennkartenfoto um 1939.

Fanny Frieda Lion.
Kennkartenfoto um 1939.

Ludwig Lion wurde am 2.9.1909 als Sohn von Frieda und Adolf geboren. Von Beruf war er Metzger. Am 25.3.1941 zog er nach Marburg. Im selben Jahr heiratete er Ruth Spier aus Momberg. Von Marburg deportierte man ihn am 8.12.1941 ins Ghetto Riga. Ludwig Lion ist am 5.5.1942 im Vernichtungslager Salaspils umgekommen.

Betty Lion, verheiratete Lang, wurde am 19.11.1911 als Tochter von Frieda und Adolf geboren. Sie war Hausangestellte von Beruf. Am 1.3.1934 zog sie nach Frankfurt. 1938 ist sie in die USA ausgewandert.

Jakob Julius Lion wurde am 2.1.1915 als Sohn von Frieda und Adolf in Nordeck geboren. Er ist vor 1936 weggezogen und dann nach Palästina ausgewandert.

Walter Nathan Lion wurde am 30.5.1920 als Sohn von Frieda und Adolf geboren. Er war Lederwarenarbeiter von Beruf. Am 16. August 1934 zog er nach Frankfurt ins Lehrlingsheim. Am 9.6.1940 zog er von Paderborn zurück nach Nordeck und am 8.7.1940 weiter nach Berlin. Von dort ist er 1940 nach Palästina ausgewandert.

Jettchen Lion wurde am 10.12.1873 geboren. Sie war die Schwester von Adolf. Am 29.7.1939 zog sie nach Frankfurt ins jüdische Altersheim. Von dort wurde Jettchen Lion ins Ghetto Theresienstadt deportiert, wo sie am 10.2.1944 umgekommen ist.

Ludwig Lion.
Kennkartenfoto um 1939.

Jettchen Lion.
Kennkartenfoto um 1939.

Familie Stern (Sterns), Haus Nr. 57 *(Hauptstraße)*

Leo Stern wurde am 12.11.1892 in Nordeck geboren. Er war der Bruder von Heinemann Stern, der seine Jugenderinnerungen an Nordeck veröffentlichte, und der Ehemann von Erna Strauß. Als Kaufmann handelte er mit Kurz-, Weiß-, und Wollwaren. Am 9.3.1936 zog er nach Göppingen/Württemberg. Leo Stern wurde ins Ghetto Riga deportiert und auf dem Strand bei Riga erschossen.

Erna Stern, geborene Strauß, wurde am 22.11.1893 in Bimswangen geboren. Sie war die Schwester von Leopold Strauß. Sie teilte das Schicksal ihres Mannes und wurde auch am Strand bei Riga erschossen.

Herbert Ludwig Stern wurde am 16. Dezember 1920 als Sohn von Erna und Leo geboren. Er zog am 1.4.1936 nach Bimswangen. 1936 wurde er mit einem Kindertransport nach Palästina geschickt. Von dort ist er in die USA ausgewandert.

Leo Stern.
Kennkartenfoto um 1939.

Berthold Stern wurde am 23.2.1923 als Sohn von Erna und Leo geboren. Er zog am 9.3.1936 nach Niederstetten/Gerabronn. 1936 wurde er mit Kindertransport nach Palästina geschickt.

Hilde Stern wurde am 4.1.1929 als Tochter von Erna und Leo geboren. Am 9.3.1936 zog sie nach Niederstetten/Gerabronn. Hilde Stern wurde zusammen mit ihren Eltern ins Ghetto Riga deportiert und wie sie auf dem Strand bei Riga erschossen.

Berthold Stern.
Kennkartenfoto um 1939.

Familie Strauß (Strauße), Haus Nr. 25 *(Steingasse)*

Leopold Strauß wurde am 2.1.1886 in Bimswangen geboren. Er war der Bruder von Erna Stern und mit Hilde Lion verheiratet. Als Kaufmann betrieb er einen Getreidegroßhandel. Ab 1923 war er der Vorsitzende der jüdischen Gemeinde in Nordeck. Am 22.5.1936 zog er nach Augsburg. Von dort wanderte er 1939 in die USA aus.

Hilde Strauß, geborene Lion, wurde am 10.1.1889 als Tochter von Liebmann Lion in Nordeck geboren. Sie zog am 22.5.1936 nach Augsburg. Von dort ist sie 1939 in die USA ausgewandert.

Hans Strauß wurde am 11.7.1919 als Sohn von Hilde und Leopold geboren. Am 1.1.1934 zog er nach Frankfurt in ein Lehrlingsheim. Er wanderte am 11.5.1936 in die USA aus.

Alfred Strauß wurde am 21.9.1913(1914) als Sohn von Hilde und Leopold geboren. Er studierte Medizin in Gießen, bis er 1934 nach dem Physikum als jüdischer Student zwangsweise exmatrikuliert wurde. Am 14.8.1934 wanderte er in die USA aus.

Familie Wolf, Haus Nr. 105 *(Steingasse)*

Ernst Wolf wurde am 19.6.1905 in Briesen/Westpreußen geboren. Er war der Ehemann von Irma Lion und arbeitete als Futtermittelhändler im Geschäft von Leopold Strauß. Am 15.1.1936 zog er nach Frankfurt. 1938 wanderte er nach Palästina aus.

Irma Wolf, geborene Lion, wurde am 7.2.1906 als Tochter von Frieda und Adolf geboren. Am 15.1.1936 zog sie nach Frankfurt. 1938 ist sie nach Palästina ausgewandert.

Familien Löwenstein und Graf, Haus Nr. 26

Alfred Löwenstein wurde am 25.2.1896 in Lohra geboren. Er war der Bruder von Johanna und Greta und von Beruf Händler. Am 8.12.1941 wurde er ins Ghetto Riga deportiert, wo sich seine Spur verliert. Umstände und Ort seiner Ermordung sind nicht bekannt.

Johanna Löwenstein wurde am 1.9.1899 in Fronhausen geboren. Von Beruf war sie Verkäuferin. Am 2.4.1940 zog sie nach Frankfurt, von wo aus sie deportiert wurde. Johanna Löwenstein kehrte nicht wieder zurück. Umstände und Ort ihrer Ermordung sind nicht bekannt.

Alfred Löwenstein.
Kennkartenfoto um 1939.

Johanna Löwenstein.
Kennkartenfoto um 1939.

Greta Graf, geborene Löwenstein, wurde am 13.4.1902 in Oberwalgern geboren. Sie war die Ehefrau von Richard Graf, der kein Jude war. Am 2.4.1940 zog sie nach Frankfurt. Von dort wurde sie deportiert. Greta Graf ist im Konzentrations- und Vernichtungslager Majdanek verschollen. Die Umstände ihrer Ermordung sind nicht bekannt.

Helmut Graf wurde am 29. September 1929 in Oberwalgern als Sohn von Greta und Richard geboren. Am 2.4.1940 zog der nach Frankfurt. Von dort deportierte man ihn zusammen mit seiner Mutter. Helmut Graf ist ebenfalls im Konzentrations- und Vernichtungslager Majdanek verschollen. Die Umstände seiner Ermordung sind nicht bekannt.

Greta Graf.
Kennkartenfoto um 1939.

Familie Frenkel (Frenkels), Haus Nr. 139 *(Roßdorfer Straße 19)*

Simon Frenkel wurde am 6. April 1882 in Falkenberg geboren. Er war der Ehemann von Rosa Löwenstein. Von Beruf war er Buchbinder; er betrieb auch Handel mit Textilien und Flachs. Am 15. Januar 1939 wanderte er in die Niederlande aus. Nach deren Besetzung wurde er von dort ins Konzentrations- und Vernichtungslager Auschwitz deportiert. Nach dem Krieg wurde Simon Frenkel für tot erklärt. Die Umstände seiner Ermordung sind nicht bekannt.

Rosa Frenkel, geborene Löwenstein, wurde am 23. April 1878 in Rauischholzhausen geboren. Sie ist am 15. Januar 1939 in die Niederlande ausgewandert. Nach deren Besetzung wurde sie von dort ins Konzentrations- und Vernichtungslager Auschwitz deportiert. Rosa Frenkel ist für tot erklärt worden. Die Umstände ihrer Ermordung sind nicht bekannt.

Rosalie (Resi) Frenkel, verheiratete Helish, wurde am 5.4.1909 in Rauischholzhausen als Tochter von Rosa und Simon geboren. Im Juli 1933 lebte sie in Rauischholzhausen. Von Halberstadt aus wanderte sie im Herbst 1933 nach Palästina aus.

Irene Jenny Frenkel, verheiratete Cohen, wurde am 24.7.1910 als Tochter von Rosa und Simon in Rauischholzhausen geboren. Sie wanderte im Herbst 1932 von Frankfurt in die Niederlande aus. Nach deren Besetzung wurde sie mit der Familie ins Konzentrations- und Vernichtungslager Auschwitz deportiert, wo sich ihre Spur verliert. Nach dem Krieg erklärte man Irene Frenkel für tot. Die Umstände ihrer Ermordung sind nicht bekannt.

David Frenkel wurde am 11.9.1911 in Rauischholzhausen als Sohn von Rosa und Simon geboren. Er ist vor 1936 weggezogen und dann nach Rhodesien ausgewandert.

Familie Mendel (Mendils), Haus Nr. 7 *(Am Rülfbach)*

Hermann Mendel wurde am 11.2.1878 in Richert/Bonn geboren. Er war der Ehemann von Sara Löwenstein und von Beruf Metzger. Am 6.9.1942 wurde er von Rauschholzhausen ins Ghetto Theresienstadt deportiert. Dort ist Hermann Mendel am 4.4.1943 umgekommen.

Sara Mendel, geborene Löwenstein, wurde am 9.5.1876 in Rauischholzhausen geboren. Sie war die Schwester von Rosa Frenkel und führte ein Textilgeschäft. Am 6.9.1942 deportierte man sie von Rauschholzhausen ins Ghetto Theresienstadt. Sara Mendel überlebte und kehrte nach ihrer Befreiung am 8.5.1945 nach Rauischholzhausen zurück. Dort ist sie am 1.10.1954 gestorben.

Herrmann Mendel.
Kennkartenfoto um 1939.

Rosa Rülf.
Paßfoto von 1938.

Sara Mendel.
Kennkartenfoto um 1939.

Familie Rülf (Jures), Haus Nr. 60 *(Alte Schulstraße 10)*

Juda Rülf wurde am 3.10.1867 in Rauischholzhausen geboren. Er war der Ehemann
von Lina Bachenheimer und von Beruf
Pferdehändler. Im Juni 1938 ist er in die
USA ausgewandert.

Lina Rülf, geborene Bachenheimer, wurde am 1.1.1873 in Rauischholzhausen geboren. Am 16. Oktober 1930 verstarb sie in
Rauischholzhausen.

Isidor Rülf wurde am 11.7.1898 als Sohn
von Lina und Juda in Rauischholzhausen
geboren. Er ist als Soldat am 17.7.1917 gefallen.

Selma Rülf wurde am 16.5.1900 als Tochter von Lina und Juda geboren. Sie war mit
Julius Meier in Gladenbach verheiratet.
1936 ist sie mit ihrer Familie in die USA
ausgewandert.

Juda Rülf.
Paßfoto von 1938.

Rosa Rülf wurde am 14.7.1901 als Tochter
von Lina und Juda in Rauischholzhausen
geboren. Sie wanderte im Juni 1938 in die
USA aus.

Friedel Rülf wurde am 17.10.1905 als Sohn
von Lina und Juda geboren. Er arbeitete im
Geschäft seines Vaters als Pferdehändler.
1937 ist Friedel Rülf in die USA ausgewandert.

Friedel Rülf.
Paßfoto von 1937.

Familie Rülf (Itzig), Haus Nr. 14 *(Lerchengasse)*

Moses Rülf II wurde vermutlich 1873 geboren. Er war der Ehemann von Berta Kanter und von Beruf Metzger. Er ist als Soldat 1917 gefallen.

Berta Rülf, geborene Kanter, wurde am 16.3.1872 in Neustadt geboren. Am 6.9.1942 wurde sie von Rauischholzhausen ins Ghetto Theresienstadt deportiert. Berta Rülf ist am 14.11.1942 dort umgekommen.

Louis Rülf wurde am 29.5.1902 als Sohn von Moses und Berta in Rauischholzhausen geboren. Von Beruf war er Metzger. Am 6.9.1942 deportierte man ihn von Rauischholzhausen ins Ghetto Theresienstadt. Louis Rülf kehrte nicht wieder zurück. Die Umstände seiner Ermordung sind nicht bekannt.

Julius Rülf wurde am 29.5.1902 in Rauischholzhausen als Sohn von Moses und Berta geboren. Er war ebenfalls Metzger. Im Gegensatz zu seinem Zwillingsbruder Louis gelang es Julius Rülf, 1936 nach Argentinien auszuwandern.

Berta Rülf.
Kennkartenfoto um 1939.

Louis Rülf.
Kennkartenfoto um 1939.

Familie Spier (Mines), Haus Nr. 16 *(Lerchengasse)*

Abraham Spier wurde am 18.1.1881 in Ebsdorf geboren. Er war der Ehemann von Jenny Wertheim. Von Beruf war er Vieh- und Textilhändler. Außerdem übte er das Amt des Vorsteher der jüdischen Gemeinde aus. Am 6.9.1942 wurde er von Rauischholzhausen ins Ghetto Theresienstadt deportiert. Am 18.5.1944 kam er ins Konzentrations- und Vernichtungslager Auschwitz. Abraham Spier wurde ermordet.

Jenny Spier, geborene Wertheim, wurde am 4.6.1890 in Hatzbach geboren. Sie erlitt das gleiche Schicksal wie ihr Mann.

Edith Spier wurde am 10.12.1920 in Rauischholzhausen als Tochter von Jenny und Abraham geboren. Am 20.10.1937 zog sie nach Bielefeld. Im August 1939 wanderte sie zunächst nach England und später von dort in die USA aus.

Julius Spier wurde am 17.6.1922 als Sohn von Jenny und Abraham in Rauischholzhausen geboren. Er gelangte am 4.2.1939 mit einem Kindertransport nach England.

Alfred Spier wurde am 4.1.1924 in Rauischholzhausen als Sohn von Jenny und Abraham geboren. Im Juni 1939 wurde er in einem Kindertransport nach England geschickt.

Martin Spier wurde am 11.7.1925 als Sohn von Jenny und Abraham in Rauischholzhausen geboren. Er wurde am 6.9.1942 zusammen mit seinen Eltern von Rauischholzhausen ins Ghetto Theresienstadt deportiert. Von dort brachte man ihn 18.5.1944 ins Konzentrations- und Vernichtungslager Auschwitz. 1945 wurde Martin Spier

Abraham Spier.
Kennkartenfoto um 1939.

·Jenny Spier.
Kennkartenfoto um 1939.

aus dem Ghetto Theresienstadt befreit. Er kehrte für kurze Zeit nach Rauischholzhausen zurück und wanderte dann in die USA aus.

Leo Walter Spier wurde am 17.10.1927 in Rauischholzhausen als Sohn von Jenny und Abraham geboren. Am 6.9.1942 wurde er zusammen mit seinen Eltern von Rauischholzhausen ins Ghetto Theresienstadt deportiert. Am 18.5.1944 brachte man ihn ins Konzentrations- und Vernichtungslager Auschwitz. Leo Spier überlebte, er wurde 1945 aus dem Konzentrationslager Mauthausen befreit. Für kurze Zeit kehrte er nach Rauischholzhausen zurück. Danach ist er in die USA ausgewandert.

Alfred Spier.
Kennkartenfoto um 1939.

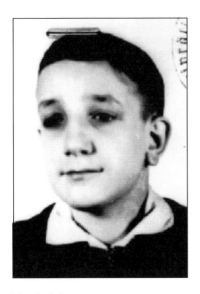

Martin Spier.
Kennkartenfoto um 1939.

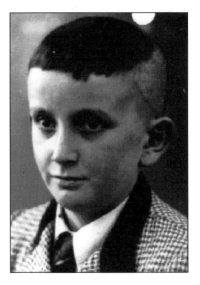

Leo Walter Spier.
Kennkartenfoto um 1939.

Familie Stern (Feist), Haus Nr. 41 ½ *(Untere Höhle)*

David Stern wurde am 20.8.1873 geboren. Er war der Ehemann von Hedwig Kaufmann und von Beruf Schuhmacher. Am 19.11.1933 verstarb er in Rauischholzhausen.

Hedwig Stern, geborene Kaufmann, wurde am 17.5.1873 in Wiesloch/Heidelberg geboren. Sie wurde am 6.9.1942 von Rauischholzhausen ins Ghetto Theresienstadt deportiert. Hedwig Stern ist am 29.9.1942 im Vernichtungslager Maly Trostinec umgekommen.

Herbert Stern wurde am 16.1.1906 als Sohn von Hedwig und David in Rauischholzhausen geboren. Von Beruf war er Jurist. Er ist schon 1933 nach England gezogen. Am 27.8.1936 war nochmal zu Besuch in Rauischholzhausen. Im Oktober 1936 wanderte er dann von Frankfurt nach Afrika aus.

Franziska Stern wurde am 9.4.1901 als Tochter von Hedwig und David geboren. Im Juli 1937 zog sie in die Niederlande. Von dort ist sie in die USA ausgewandert.

Hedwig Stern.
Foto des Kennkartenantrags 1938.

Familie Bachenheimer, Marktstraße 2 *(heute Nr.4)*

Seligmann (Sol) Bachenheimer wurde am 5.4.1887 in Rauschenberg geboren. Er war der Ehemann von Ida Sander und von Beruf Kälberhändler. Am 22.4.1939 wanderte er in die USA aus.

Ida Bachenheimer, geborene Sander, wurde am 27.1.1891 in Oberbieber geboren. Sie ist am 22.4.1939 in die USA ausgewandert.

Ludwig Bachenheimer wurde am 15. April 1922 als Sohn von Ida und Seligmann geboren. Er wanderte mit den Eltern am 22.4.1939 in die USA aus.

Seligmann (Sol) Bachenheimer.
Kennkartenfoto um 1939.

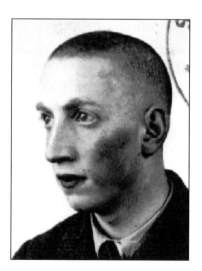

Ludwig Bachenheimer.
Kennkartenfoto um 1939.

Familie Katten, Blaue Pfütze 26

Arthur Katten wurde am 8.4.1892 in Rauschenberg geboren. Er war der Ehemann von Lina Stern und von Beruf Handelsmann. Am 14.12.1938 ist er in die USA ausgewandert.

Lina Katten, geborene Stern, wurde am 24.6.1899 in Niederklein geboren. Sie war die Schwester von Hugo Stern/Niederklein. Am 14.12.1938 wanderte sie in die USA aus.

Moses Stern wurde am 3.10.1862 in Niederklein geboren. Er war der Vater von Lina. Von Beruf war er Viehhändler. Am 9.7.1937 zog er von Niederklein nach Kirchhain und von dort am 29.11.1937 zu seiner Tochter nach Rauschenberg. Er ist am 14.12.1938 in die USA ausgewandert (s.a. Niederklein).

Familie Katz-Stiefel (Schnaps-Michel), Schloßstraße 94

Adolf Katz-Stiefel wurde am 19.4.1879 geboren. Er war der Ehemann von Hedwig Isenberg und von Beruf Viehhändler. Am 12.7.1938 verstarb er in Rauschenberg.

Hedwig Katz-Stiefel, geborene Isenberg, wurde am 1.11.1888 in Sterzhausen geboren. Sie zog am 15.7.1941 nach Barcelona und ist dann wahrscheinlich zu ihrem Sohn Julius nach Argentinien ausgewandert.

Julius Katz-Stiefel wurde am 7.8.1912 als Sohn von Hedwig und Adolf geboren. Am 12.5.1933 zog er nach Frankreich. Von dort wanderte er über Spanien nach Argentinien aus.

Isaak Katz-Stiefel wurde am 10.3.1883 in Rauschenberg geboren. Er war der Ehemann von Bertha Isenberg und von Beruf Handelsmann. Am 27.8.1941 zog er nach Marburg. Von dort wurde er am 8.12.1941 ins Ghetto Riga deportiert. Isaak Katz-Stiefel kehrte nicht wieder zurück. Umstände und Ort seiner Ermordung sind nicht bekannt.

Bertha Katz-Stiefel, geborene Isenberg, wurde am 23.4.1890 in Elnhausen geboren. Sie war die Schwester von Jakob Isenberg/Elnhausen. Am 27.8.1941 zog sie nach Marburg; man deportierte sie am 8.12.1941 ins Ghetto Riga, wo sich ihre Spur verliert. Umstände und Ort ihrer Ermordung sind nicht bekannt.

Anna Katz-Stiefel wurde am 11.10.1921 als Tochter von Bertha und Isaak geboren. Am 27.8.1941 zog sie nach Marburg. Von dort wurde sie am 8.12.1941 ins Ghetto Riga deportiert, wo sich ihre Spur verliert. Umstände und Ort ihrer Ermordung sind nicht bekannt.

Familie Plaut (Isaaks), Schmaleichertorstraße 62

Isaak Plaut I wurde am 3.2.1861 in Rauschenberg geboren. Von Beruf war er Metzger. Am 20.4.1936 zog er nach Allendorf. Zusammen mit seiner Tochter Selma Ransenberg/Allendorf zog er am 24.3.1939 nach England. Von dort ist Isaak Plaut 1940 in die USA ausgewandert.

Bernhard Plaut wurde am 2.6.1901 als Sohn von Isaak geboren. Am 31.10.1923 wanderte er nach Spanien aus.

Moritz Plaut wurde 1903 als Sohn von Isaak geboren. Er ist vor 1936 weggezogen und dann in die USA ausgewandert.

Hedwig Plaut wurde am 13.11.1905 als Tochter von Isaak in Rauschenberg geboren. Sie war mit Gottfried Buxbaum in Allendorf verheiratet. Am 29.3.1939 ist sie in die USA ausgewandert (s.a. Allendorf).

Selma Plaut wurde am 10. Oktober 1907 in Rauschenberg als Tochter von Isaak geboren. Sie war mit Walter Ransenberg in Allendorf verheiratet. Am 24.3.1939 zog sie nach England. Von dort ist sie in die USA ausgewandert (s.a. Allendorf).

Grete Plaut, verheiratete Wolf, war eine Tochter von Isaak. Sie ist vor 1936 nach Lich verzogen und dann in die USA ausgewandert.

Familie Plaut (Seligs), Schloßstraße 124

Isaak Plaut II wurde am 15.5.1885 in Rauschenberg geboren. Er war der Ehemann von Therese Stiefel. Isaak Plaut II handelte mit Lebensmitteln, Bekleidung, Nähmaschinen, Fahrrädern, und Drogeriewaren. Am 21.3.1936 ist er in die USA ausgewandert.

Therese Plaut, geborene Stiefel, wurde am 7.2.1887 in Rauschenberg geboren. Sie wanderte am 21.3.1936 in die USA aus.

Helene Plaut wurde am 5.9.1913 als Tochter von Therese und Isaak geboren. Sie ist 1935 in die USA ausgewandert.

Hanna Plaut wurde 1915 in Rauschenberg geboren. Sie ist vor 1936 von Rauschenberg weggezogen und dann in die USA ausgewandert.

Michael Plaut (Mehl-Michels) wurde am 28.2.1850 geboren. Er war der Vater von Isaak II. Am 8.10.1934 verstarb er in Rauschenberg.

Regina Stiefel wurde am 4.8.1867 in Schönstadt geboren. Sie war die Mutter von Therese Plaut und Lina Schloß. Am 31.3.1936 zog sie nach Lauchenselden. Sie starb 1937.

Lina Schloß, geborene Stiefel, wurde am 3.8.1882 geboren. Sie war die Schwester von Therese. Am 31.3.1936 zog sie nach Wolfhagen. Zusammen mit ihren Söhnen Ludwig und Erich wanderte sie in die USA aus.

Plaut (Anchils), Haus Nr. 103

Malchen Plaut wurde am 22.7.1863 in Rauschenberg geboren. Sie war die Tante von Isaak Plaut II. Am 30.1.1936 ist sie in Rauschenberg gestorben.

Familie Plaut (Mausches), Kraftgasse 101

Moses Plaut wurde am 15.2.1863 geboren. Er war der Ehemann von Regina Katten und von Beruf Metzger. Am 2.1.1939 zog er nach Frankfurt, vermutlich ins jüdische Altersheim. Von dort deportierte man Moses Plaut in das Ghetto Theresienstadt, wo er am 26.9.1942 umgekommen ist.

Regina Plaut, geborene Katten, wurde am 16.7.1866 in Josbach geboren. Am 2.1.1939 zog sie nach Frankfurt, wahrscheinlich ins jüdische Altersheim. Regina Plaut wurde von dort in das Ghetto Theresienstadt deportiert, wo sie am 3.2.1942 umgekommen ist.

Minna Kugelmann, geborene Plaut, wurde am 6.11.1892 in Rauschenberg als Tochter von Regina und Moses geboren. Sie ist am 10.2.1937 in die USA ausgewandert.

Siegfried Kugelmann wurde am 6.7.1896 in Wohra geboren. Er war der Ehemann von Minna Plaut. Von Beruf war er Metzger und Landwirt. Siegfried Kugelmann wanderte am 10.2.1937 er in die USA aus.

Gerd Josef Kugelmann wurde am 12. Oktober 1928 als Sohn von Minna und Siegfried in Marburg geboren. Er ist mit den Eltern am 10.2.1937 in die USA ausgewandert.

Moses Plaut.
Kennkartenfoto um 1939.

Regina Plaut.
Kennkartenfoto um 1939.

185

Familie Plaut (Isaaks), Blaue Pfütze/Ecke Schmaleichertorstraße

Samuel Plaut wurde am 11.1.1897 in Rauschenberg als Sohn von Isaak I geboren. Er war der Ehemann von Bertha Katz. Samuel Plaut arbeitete als Metzger und Viehhändler. Am 2.3.1936 wanderte er in die USA aus.

Bertha Plaut, geborene Katz, wurde am 5. Juni 1900 in Steinbach geboren. Sie ist am 2. März 1936 in die Vereinigten Staaten ausgewandert.

Helga Plaut wurde am 4.4.1930 als Tochter von Bertha und Samuel in Marburg geboren. Sie ist am 2.3.1936 mit ihren Eltern in die USA ausgewandert.

Familie Stiefel (Sußmanns), Blaue Pfütze 22

Isidor Stiefel wurde am 1. August 1890 in Rauschenberg geboren. Er war der Ehemann von Emma Stern. Von Beruf war er Viehhändler und betrieb ein Schuhgeschäft. Am 29.3.1938 wanderte er in die USA aus.

Emma Stiefel, geborene Stern, wurde am 11.6.1896 in Oberasphe geboren. Sie ist am 29.3.1938 in die USA ausgewandert.

Lothar Stiefel wurde am 7.2.1925 in Rauschenberg als Sohn von Emma und Isidor geboren. Er wanderte am 29.3.1938 mit seinen Eltern in die USA aus.

Sally Stiefel wurde am 4.5.1896 geboren. Er war der Bruder von Isidor und der Ehemann von Bertha Präger. Am 2.2.1938 zog er nach Laasphe. Später deportierte man ihn ins Konzentrations- und Vernichtungslager Auschwitz. Sally Stiefel kehrte nicht wieder zurück. Die Umstände seiner Ermordung sind nicht bekannt.

Bertha Stiefel, geborene Präger, wurde am 26.11.1855 in Laasphe geboren. Am 2.2.1938 zog sie nach Kassel. Sie ist noch vor den Deportationen in Deutschland gestorben.

Sally Stiefel.
Kennkartenfoto um 1939.

Stiefel, Haus Nr. 58

Ella Stiefel, geborene Metzger, wurde am 18.7.1860 in Schönstadt geboren. Sie war die Tante von Isaak Plaut II. Am 21.10.1936 zog sie nach Hersfeld. Ella Stiefel wurde deportiert. Ort und Umstände ihrer Ermordung sind nicht bekannt.

Familie Ehrlich, Haus Nr. 61/81

David Ehrlich wurde am 7.4.1861 in Roßdorf geboren. Er war der Ehemann von Rosa Blum und von Beruf Händler. Am 8.4.1942 ist er in Roßdorf gestorben.

Rosa Ehrlich, geborene Blum, wurde am 4.6.1862 in Borken geboren. Sie verstarb am 7.8.1939 in Roßdorf (Friedhof Marburg).

Hermann Ehrlich wurde am 2.7.1891 in Roßdorf als Sohn von Rosa und David geboren. Er war der Ehemann von Käthe Simon, und von Beruf war er Händler. Am 31.5.1942 wurde er von Roßdorf ins Ghetto Lublin deportiert. Hermann Ehrlich kehrte nicht wieder zurück. Die Umstände seiner Ermordung sind nicht bekannt.

David Ehrlich.
Kennkartenfoto um 1939.

Rosa Ehrlich.
Kennkartenfoto um 1939.

Hermann Ehrlich.
Kennkartenfoto um 1939.

Käthe (Katinka) Ehrlich, geborene Simon, wurde am 1.10.1888 in Niederweidbach geboren. Sie wurde am 31.5.1942 von Roßdorf ins Ghetto Lublin deportiert, wo sich ihre Spur verliert. Die Umstände ihrer Ermordung sind nicht bekannt.

Anita Ehrlich wurde am 23. Mai 1929 als Tochter von Käthe und Hermann in Roßdorf geboren. Am 31.5.1942 deportierte man sie zusammen mit ihren Eltern von Roßdorf ins Ghetto Lublin, wo sich ihre Spur verliert. Die Umstände ihrer Ermordung sind nicht bekannt.

Frieda Ehrlich wurde am 19.1.1893 in Roßdorf als Tochter von Rosa und David geboren. Sie wurde am 31.5.1942 von Roßdorf ins Ghetto Lublin deportiert. Frieda Ehrlich kehrte nicht wieder zurück. Die Umstände ihrer Ermordung sind nicht bekannt.

Käthe Ehrlich.
Foto des Kennkartenantrags von 1938.

Anita Ehrlich.
Kennkartenfoto um 1939.

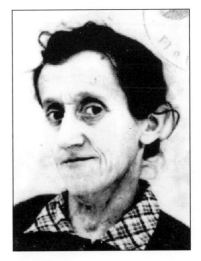

Frieda Ehrlich.
Kennkartenfoto um 1939.

Familie Bergenstein (Levis), Haus Nr. 11 *(Hauptstraße)*

Goldine Bergenstein, geborene Spier, wurde am 6.4.1859 in Merzhausen geboren. Sie war die Ehefrau von Levi Bergenstein. Am 22.11.1940 zog sie nach Frankfurt. Dort verstarb sie am 26.1.1941.

Josef Bergenstein wurde am 28.12.1894 in Roth als Sohn von Goldine und Levi geboren. Er war der Ehemann von Klara Nathan und von Beruf Händler. Am 8.12.1941 wurde er von Roth ins Ghetto Riga deportiert. Josef Bergenstein kehrte nicht wieder zurück. Umstände und Ort seiner Ermordung sind nicht bekannt.

Klara Bergenstein, geborene Nathan, wurde am 14.4.1901 in Lohra geboren. Am 8.12.1941 wurde sie von Roth ins Ghetto

Goldine Bergenstein.
Kennkartenfoto um 1939.

Klara Bergenstein.
Kennkartenfoto um 1939.

Josef Bergenstein.
Kennkartenfoto um 1939.

Riga deportiert. Klara Bergenstein ist im Konzentrationslager Stutthof verschollen. Die Umstände ihrer Ermordung sind nicht bekannt (s.a. Lohra).

Heinz Bergenstein wurde am 4.9.1922 in Lohra als Sohn von Klara und Josef geboren. Er war kaufmännischer Lehrling. Am 2.5.1936 zog er nach Kirchhain, von wo er am 6.1.1939 wieder nach Roth zurückkehrte. Am 8.12.1941 deportierte man ihn von Roth ins Ghetto Riga, wo sich seine Spur verliert. Umstände und Ort seiner Ermordung sind nicht bekannt.

Kurt Salomon Bergenstein wurde am 30.7.1928 als Sohn von Klara und Josef in Roth geboren. Er wurde am 8.12.1941 zusammen mit seinen Eltern von Roth ins Ghetto Riga deportiert, wo sich seine Spur verliert. Umstände und Ort seiner Ermordung sind nicht bekannt.

Rosa Bergenstein wurde am 1.8.1853 in Roth geboren. Sie ist 1936/37 gestorben.

Heinz Bergenstein.
Kennkartenfoto um 1939.

Kurt Salomon Bergenstein.
Kennkartenfoto um 1939.

Familie Höchster (Blüms), Haus Nr. 8 *(Hauptstraße)*

Hermann Herz Höchster wurde am 3.9.1881 in Roth geboren. Er war Händler für Stoffe und war im Vorstand der jüdischen Gemeinde. Am 8.12.1941 wurde er von Roth ins Ghetto Riga deportiert. Hermann Höchster kehrte nicht wieder zurück. Umstände und Ort seiner Ermordung sind nicht bekannt.

Bertha Höchster, geborene Wertheim, wurde am 7.11.1889 in Hatzbach geboren. Sie war die zweite Ehefrau von Hermann. Am 8.12.1941 wurde sie von Roth ins Ghetto Riga deportiert, wo sich ihre Spur verliert. Umstände und Ort ihrer Ermordung sind nicht bekannt.

Erwin Höchster wurde am 6.9.1910 in Roth geboren. Er war der Sohn aus erster Ehe und mit Henny Walldorf/Ebsdorf verhei-

Hermann Herz Höchster.
Kennkartenfoto um 1939.

Bertha Höchster.
Kennkartenfoto um 1939.

Trude Thea Höchster.
Kennkartenfoto um 1939.

ratet. Von Beruf war er Händler. Im September 1936 wanderte er zu seinem Schwager Max Walldorf nach Südafrika aus.

Trude Thea Höchster wurde am 15.2.1920 in Roth als Tochter von Bertha und Hermann geboren. Am 28.4.1937 zog sie nach Frankfurt, kehrte aber am 23.8.1938 nach Roth zurück. Über England wanderte sie am 14.6.1939 in die USA aus.

Betti Ilse Höchster wurde am 15.10.1922 als Tochter von Bertha und Hermann in Roth geboren. Am 15.9.1940 zog sie nach Frankfurt. Von Berlin aus deportierte man sie ins Konzentrations- und Vernichtungslager Auschwitz, wo sich ihre Spur verliert. Die Umstände ihrer Ermordung sind nicht bekannt.

Betti Ilse Höchster.
Kennkartenfoto um 1939.

Manfred Helmuth Höchster wurde am 15.12.1927 in Roth als Sohn von Bertha und Hermann geboren. Am 8.12.1941 wurde er zusammen mit seinen Eltern von Roth ins Ghetto Riga deportiert, wo sich seine Spur verliert. Umstände und Ort seiner Ermordung sind nicht bekannt.

Manfred Helmuth Höchster.
Kennkartenfoto um 1939.

Familie Nathan (Bettches), Haus Nr. 2 *(Hauptstraße)*

Berta (Betty) Nathan, geborene Stern, wurde am 25.9.1857 in Romrod/Kreis Alsfeld geboren. Sie war Händlerin von Beruf. Am 29.4.1939 ist sie in Roth gestorben.

Gerdi (Gertrude) Nathan wurde am 3. Februar 1897 in Roth als Tochter von Berta geboren. Sie war ebenfalls Händlerin. Am 8.12.1941 deportierte man sie von Roth ins Ghetto Riga. Gerdi Nathan kehrte nicht wieder zurück. Umstände und Ort ihrer Ermordung sind nicht bekannt.

Hermann Nathan war ein Sohn von Berta. Er war mit Pauline Goldschmidt verheiratet. Ende der zwanziger Jahre ist er gestorben.

Pauline Nathan, geborene Goldschmidt, wurde am 5.3.1884 in Falkenberg/Homburg geboren. Sie war Händlerin von Beruf. Am 8.12.1941 wurde sie von Roth ins Ghetto Riga deportiert, wo sich ihre Spur verliert. Umstände und Ort ihrer Ermordung sind nicht bekannt.

Berta (Betty) Nathan.
Kennkartenfoto um 1939.

Gerdi (Gertrude) Nathan.
Kennkartenfoto um 1939.

Cäcilie (Zilly) Nathan wurde am 2.8.1919 als Tochter von Pauline und Hermann in Roth geboren. Von Beruf war sie Hausangestellte. Am 6.6.1936 zog sie nach Frankfurt, am 2.10.1938 kehrte sie nach Roth zurück. Von dort deportierte man sie am 8.12.1941 ins Ghetto Riga, wo sich ihre Spur verliert. Umstände und Ort ihrer Ermordung sind nicht bekannt.

Cäcilie (Zilly) Nathan.
Foto des Kennkartenantrags von 1938.

Familie Roth (Herze), Haus Nr. 7 *(Hauptstraße)*

Markus Roth wurde am 5.9.1893 in Niederohmen/Kreis Alsfeld geboren. Er war Händler für Getreide und Düngemittel. Am 16.6.1938 wanderte er in die USA aus.

Selma Roth, geborene Stern, wurde im Oktober 1899 geboren. Sie war die Tochter von Emma und Herz Stern aus Roth und die erste Ehefrau von Markus. Am 28.2.1934 ist sie in Roth gestorben.

Herbert Roth wurde am 17.10.1923 als Sohn von Selma und Markus in Roth geboren. Er ist am 16.6.1938 mit der Familie in die USA ausgewandert.

Irene Roth wurde am 22.1.1925 in Roth als Tochter von Selma und Markus geboren. Sie wanderte am 16.6.1938 mit der Familie in die USA aus.

Walter Roth wurde am 18.4.1929 als Sohn von Selma und Markus in Roth geboren. Er ist am 16.6.1938 mit der Familie in die USA ausgewandert.

Toni Roth, geborene Stern, wurde am 27.7.1893 in Roth als Tochter von Bertha und Mannes Stern/Roth geboren. Sie war die zweite Ehefrau von Markus und ist ebenfalls am 16.6.1938 in die USA ausgewandert.

Familie Stern (Vorne-Malches), Haus Nr. 98 *(Hauptstraße)*

Klara Stern, geborene Speier, wurde am 8.11.1891 in Hof bei Kassel geboren. Sie war Händlerin von Beruf. 1937 wanderte sie in die USA aus.

Julius Stern wurde am 14.11.1919 in Roth als Sohn von Klara geboren. Er ist 1937 in die USA ausgewandert.

Otto Stern wurde am 5.7.1922 in Roth als Sohn von Klara geboren. Er wanderte 1937 in die USA aus.

Hilda Stern, geborene Bachenheimer, wurde am 19.12.1862 in Fronhausen geboren. Sie war die Schwiegermutter von Klara. 1937 wanderte sie mit ihrer Schwiegertochter in die USA aus.

Hilda Stern.
Paßfoto vom 1938.

Familie Stern (Herne-Malches), Haus Nr. 98 *(Hauptstraße)*

Mannes Stern war der Ehemann von Bertha Rosenbusch. Er ist um 1930 gestorben.

Bertha Stern, geborene Rosenbusch, wurde am 26.5.1869 in Borken geboren. Am 6.9.1942 wurde sie von Roth ins Ghetto Theresienstadt deportiert. Bertha Stern ist im Konzentrations- und Vernichtungslager Auschwitz verschollen. Die Umstände ihrer Ermordung sind nicht bekannt.

Hugo Stern wurde am 7.2.1896 in Roth als Sohn von Bertha und Mannes geboren. Er war Händler für Stoffe. Am 6. September1942 deportierte man ihn von Roth ins Ghetto Theresienstadt. Hugo Stern ist am 18.5.1944 im Konzentrations- und Vernichtungslager Auschwitz umgekommen.

Bertha Stern.
Foto des Kennkartenantrags 1938.

Louis Stern wurde am 31.5.1894 als Sohn von Bertha und Mannes in Roth geboren. Er war Kaufmann von Beruf. Am 2.10.1938 ist er von Frankfurt nach Roth zugezogen.

Von dort wurde er am 6.9.1942 ins Ghetto Theresienstadt deportiert. Louis Stern kehrte nicht wieder zurück. Die Umstände seiner Ermordung sind nicht bekannt.

Hugo Stern.
Kennkartenfoto um 1939.

Louis Stern.
Kennkartenfoto um 1939.

Familie Stern (Herze), Haus Nr. 7 *(Hauptstraße)*

Herz Stern wurde am 27.3.1866 in Roth geboren. Er war der Ehemann von Emma Rothschild und von Beruf Händler. Am 20.6.1938 zog er nach Frankfurt. Von dort deportierte man ihn im August 1942 ins Ghetto Theresienstadt. Herz Stern ist am 15.1.1943 umgekommen.

Emma Stern, geborene Rothschild, wurde am 18.6.1867 in Angenrod/Kreis Alsfeld geboren. Sie ist am 2.4.1937 in Roth gestorben.

Herz Stern.
Kennkartenfoto um 1939.

Familie Feibelmann, Haus Nr. 75 *(Im Tal)*

Albert Feibelmann wurde am 20.1.1878 in Kaiserslautern geboren. Er war der Ehemann von Emma Simon und von Beruf Schuhmacher. Am 30.7.1942 wurde er nach Rauischholzhausen umgesiedelt und von dort am 6.9.1942 ins Ghetto Theresienstadt deportiert. Albert Feibelmann ist dort am 23.2.1943 umgekommen.

Emma Feibelmann, geborene Simon, wurde am 1.7.1884 in Schweinsberg geboren. Sie wurde am 11.5.1941 verhaftet und daraufhin ins Zwangsarbeiterlager Breitenau gebracht. Von dort wurde Emma Feibelmann am 10.10.1941 ins Konzentrationslager Ravensbrück verschleppt. Ihr weiteres Schicksal ist unbekannt. Als Jahr ihres Todes wird 1942 angegeben.

Julius Feibelmann wurde am 24.1.1921 als Sohn von Emma und Albert in Schweinsberg geboren. Er war Metzger von Beruf. Am 3.8.1937 zog er nach Kassel. Ende 1938 kehrte er nach Schweinsberg zurück. Er ist am 14.9.1940 in die USA ausgewandert.

Gerson Simon wurde am 25.8.1853 in Hermannstein geboren. Er war der Vater von Emma und der Ehemann von Giedel Katz. Von Beruf war er Handelsmann und Viehhändler. Gerson Simon verstarb am 17. April 1936 in Schweinsberg.

Giedel Simon, geborene Katz, wurde am 28.10.1855 in Schweinsberg geboren. Sie ist wahrscheinlich am 22.8.1910 in Schweinsberg gestorben.

Emma Feibelmann.
Kennkartenfoto um 1939.

Julius Feibelmann.
Kennkartenfoto um 1939.

Familie Höxter, Haus Nr. 13 *(Marktplatz)*

Aron Höxter wurde am 16. April 1856 in Schweinsberg geboren. Er war der Ehemann von Amalie Katz. Aron Höxter betrieb ein Manufakturwarengeschäft. Er ist am 1.4.1936 in Schweinsberg gestorben.

Amalie Höxter, geborene Katz, wurde am 18.8.1860 in Hatzbach geboren. Sie verstarb am 21.1.1942 in Schweinsberg.

Louis Höxter wurde am 13.5.1890 als Sohn von Amalie und Aron in Niederofleiden geboren. Er war der Ehemann von Rosa Nussbaum. Von Beruf war er Kaufmann und besaß ein Textilwarengeschäft. Seit 1929 war er der Vorsitzende der jüdischen Gemeinde. Am 25.4.1941 wurde Louis Höxter verhaftet und wahrscheinlich ins Marburger Gerichtsgefängnis gebracht. Von dort verschleppte man ihn am 6.5.1941 ins Zwangsarbeiterlager Breitenau. Am 18.7.1941 wurde er ins Konzentrationslager Buchenwald gebracht. Louis Höxter ist dort im Zeitraum April/Mai 1942 umgekommen.

Rosa Höxter, geborene Nussbaum, wurde am 20.12.1892 in Neukirchen/Kreis Ziegenhain geboren. Am 31.5.1942 wurde sie von Schweinsberg ins Ghetto Lublin deportiert, wo sich ihre Spur verliert. Die Umstände ihrer Ermordung sind nicht bekannt.

Berni Höxter wurde am 10.4.1922 als Tochter von Rosa und Louis in Schweinsberg geboren. Sie wanderte am 7.5.1936 nach Palästina aus.

Erika Höxter wurde am 5. November 1924 in Schweinsberg als Tochter von Rosa und

Amalie Höxter.
Kennkartenfoto um 1939.

Erika Höxter.
Kennkartenfoto um 1939.

Louis geboren. Am 31.5.1942 wurde sie von Schweinsberg ins Ghetto Lublin deportiert. Erika Höxter kehrte nicht wieder zurück. Die Umstände ihrer Ermordung sind nicht bekannt.

Ilse Höxter wurde am 8.10.1926 als Tochter von Rosa und Louis in Schweinsberg geboren. Von Schweinsberg deportierte man sie am 31.5.1942 ins Ghetto Lublin, wo sich ihre Spur verliert. Die Umstände ihrer Ermordung sind nicht bekannt.

Dr. Siegfried Höxter wurde am 20.11.1899 in Schweinsberg geboren. Vermutlich war er der Bruder von Louis. Er war mit Anneliese Latte verheiratet. Von Beruf war er Arzt. Er zog nach dem 1.7.1938 nach Schweinsberg. Am 12.7.1939 wanderte Siegfried Höxter nach England aus, kehrte aber nach dem Krieg nach Deutschland zurück. Am 8.2.1951 ist er in Marburg gestorben.

Dr. Siegfried Höxter.
Kennkartenfoto um 1939.

Anneliese Höxter, geborene Latte, wurde am 6.12.1908 in Mannheim geboren. Sie zog nach dem 1.7.1938 nach Schweinsberg und am 13.7.1939 nach Langerwehe/Kreis Düren. Anneliese Höxter wurde deportiert, sie ist im Vernichtungslager Majdanek/Lublin verschollen. Die Umstände ihrer Ermordung sind nicht bekannt.

Moses Schirling wurde am 18.4.1860 in Mardorf geboren. Er war der Ehemann von Hannchen Rothschild. Von Beruf war er Händler für Manufakturwaren. Am 3.5.1937 zog er von Mardorf nach Schweinsberg. Moses Schirling war vom 29.4.1941 bis 6.6.1941 im Zwangsarbeiterlager Breitenau inhaftiert. Am 30.7.1942 wurde er nach Rauischholzhausen umgesiedelt und von dort am 6.9.1942 ins Ghetto Theresien-

Moses Schirling.
Kennkartenfoto um 1939.

stadt deportiert. Moses Schirling kehrte nicht wieder zurück. Der letzte bekannte Aufenthaltsort ist das Konzentrationslager Minsk. Die Umstände seiner Ermordung sind nicht bekannt.

Hannchen Schirling, geborene Rothschild, wurde am 24.2.1862 in Angenrod geboren. Sie zog am 3.5.1937 von Mardorf nach Schweinsberg. Am 30.7.1942 wurde sie nach Rauischholzhausen umgesiedelt und von dort am 6.9.1942 ins Ghetto Theresienstadt deportiert. Hannchen Schirling kehrte nicht wieder zurück. Die Umstände ihrer Ermordung sind nicht bekannt.

Familie Katz, Haus Nr. 174 *(Bahnhofstraße, heute Froschwasser)*

Jakob Katz wurde am 4.7.1856 in Schweinsberg geboren. Er war Viehhändler von Beruf. Am 28.8.1939 ist er in Schweinsberg gestorben.

Moritz Katz wurde am 20. Mai 1891 in Schweinsberg geboren. Er war der Sohn von Jakob und der Ehemann von Paula Jacob. Von Beruf war er Viehhändler. Vom 20.5.1941 bis zum 1.7.1941 war Moritz Katz im Zwangsarbeiterlager Breitenau inhaftiert. Am 30.7.1942 wurde er von Schweinsberg nach Rauischholzhausen umgesiedelt. Von dort deportierte man ihn am 6.9.1942 ins Ghetto Theresienstadt. Am 12.10.1944 brachte man ihn ins Konzentrations- und Vernichtungslager Auschwitz. Moritz Katz wurde nach dem Krieg für tot erklärt. Die Umstände seiner Ermordung sind nicht bekannt.

Paula Katz, geborene Jacob, wurde am 17.12.1894 in Büdesheim geboren. Am 30.7.1942 wurde sie nach Rauischholzhausen umgesiedelt. Von dort deportierte man sie am 6.9.1942 ins Ghetto Theresienstadt. Am 12.10.1944 kam sie ins Konzentrations- und Vernichtungslager Ausch-

Jakob Katz.
Kennkartenfoto um 1939.

Moritz Katz.
Kennkartenfoto um 1939.

Manfred Katz.
Kennkartenfoto um 1939.

witz. Paula Katz kehrte nicht wieder zurück. Die Umstände ihrer Ermordung sind nicht bekannt.

Blanka Katz wurde am 31. Mai 1921 in Schweinsberg als Tochter von Paula und Moritz geboren. Sie ist am 3.2.1941 nach Jugoslawien ausgewandert.

Manfred Katz wurde am 30.7.1923 als Sohn von Paula und Moritz in Schweinsberg geboren. Er zog am 6.1.1939 nach Frankfurt. Am 6.9.1942 wurde er von Rauischholzhausen ins Ghetto Theresienstadt deportiert. Manfred Katz kehrte nicht wieder zurück. Die Umstände seiner Ermordung sind nicht bekannt.

Familie Katz, Haus Nr. 175 *(Bahnhofstraße, heute Froschwasser)*

Lina Katz, geborene Katz, wurde am 5.9.1872 in Jesberg geboren. Sie wanderte am 20.3.1938 in die USA aus.

Moritz Katz wurde am 22. Juni 1903 in Schweinsberg geboren. Er war der Sohn

von Lina und von Beruf Metzger. Am 17.10.1936 ist er in die USA ausgewandert.

Malli Katz war die Tochter von Lina. Sie ist zwischen 1933 und 1936 aus Schweinsberg weggezogen.

Familie Schaumberg, Haus Nr. 25 *(Im Tal)*

Sally Schaumberg wurde am 31.1.1894 in Schweinsberg geboren. Er war der Ehemann von Flora Schirling und von Beruf Viehhändler. Am 31.5.1942 deportierte man ihn ins Ghetto Lublin. Sally Schaumberg ist am 23.8.1942 im Konzentrations- und Vernichtungslager Majdanek/Lublin umgekommen.

Flora Schaumberg, geborene Schirling, wurde am 4.9.1895 in Mardorf geboren. Am 31.5.1942 wurde sie ins Ghetto Lublin deportiert. Flora Schaumberg kehrte nicht wieder zurück. Die Umstände ihrer Ermordung sind nicht bekannt.

Brunhilde (Hilde) Schaumberg wurde am 14.9.1921 in Schweinsberg als Tochter von Flora und Sally geboren. Sie war Hausangestellte von Beruf. Von 1936 bis 1938 lebte sie in Kassel, 1939 war sie in Frankfurt. Am 31.5.1942 wurde Brunhilde Schaumberg von Schweinsberg ins Ghetto Lublin deportiert. Sie wurde ermordet.

Werner Julius Schaumberg wurde am 11.5.1923 als Sohn von Flora und Sally in Schweinsberg geboren. Er zog am 15.6.1932 nach Kassel und kehrte am 2.1.1939 nach Schweinsberg zurück. Im Dezember 1941 besuchte er das Haschara-Umschulungsgut Neuendorf bei Fürstwalde/Spree. Im April 1942 war er in Schönfeld/Kreis Löbau. Von Schweinsberg aus wurde Werner Schaumberg am 6.9.1942 vermutlich ins Ghetto Theresienstadt deportiert. Nach dem Krieg wanderte er in die USA aus.

Sally Schaumberg.
Kennkartenfoto um 1939.

Flora Schaumberg.
Kennkartenfoto um 1939.

Brunhilde (Hilde) Schaumberg.
Kennkartenfoto um 1939.

Werner Julius Schaumberg.
Kennkartenfoto um 1939.

Siegfried Schaumberg wurde am 15. April 1925 als Sohn von Flora und Sally geboren. Er wurde am 31. Mai 1942 von Schweinsberg ins Ghetto Lublin deportiert. Siegfried Schaumberg ist am 23.8.1942 im Konzentrations- und Vernichtungslager Majdanek/Lublin umgekommen.

Siegfried Schaumberg.
Kennkartenfoto um 1939.

Familie Schaumberg, Haus Nr. 120 *(Neustadt)*

Gustav Schaumberg wurde am 14.5.1857 in Schweinsberg geboren. Er war der Ehemann von Betti Rülf. Beruflich handelte er mit Vieh und Manufakturwaren. Er ist am 30.7.1938 in Schweinsberg gestorben.

Betti Schaumberg, geborene Rülf, wurde am 12.3.1860 in Rauischholzhausen geboren. Sie war die Schwester von Juda Rülf/Rauischholzhausen. Am 9.4.1940 verstarb sie in Schweinsberg.

Siegfried Schaumberg wurde am 16. November 1886 als Sohn von Betti und Gustav in Schweinsberg geboren. Er war mit Margarete Schmidt, die keine Jüdin war, verheiratet und von Beruf Viehhändler. Am 1.10.1934 zog er nach Kassel. Am 8.1.1940 verschleppte man ihn ins Konzentrationslager Buchenwald, wo er aber wieder entlassen wurde. Am 10.2.1942 kam er ins Zwangsarbeiterlager Breitenau und am 31.3.1942 von da aus ins Konzentrationslager Dachau. Siegfried Schaumberg ist am 9.9.1942 dort umgekommen.

Betti Schaumberg.
Kennkartenfoto um 1939.

Siegfried Schaumberg.
Kennkartenfoto um 1939.

Rosa Schaumberg wurde am 13.10.1888 in Schweinsberg als Tochter von Betti und Gustav geboren. Sie wurde am 30.7.1942 nach Rauischholzhausen umgesiedelt. Von dort deportierte man sie am 6.9.1942 ins Ghetto Theresienstadt. Am 23.1.1943 wurde sie ins Konzentrations- und Vernichtungslager Auschwitz gebracht. Rosa Schaumberg kehrte nicht wieder zurück. Die Umstände ihrer Ermordung sind nicht bekannt.

Rosa Schaumberg.
Kennkartenfoto um 1939.

Familie Schaumberg, Weidenhausen

Gustav Schaumberg III wurde am 3. August 1881 geboren. Er war der Ehemann von Auguste Goldschmidt. Von Beruf war er Gerber und Fellhändler, später Kaufmann in Frankfurt. Bis zu seinem Wegzug nach Frankfurt 1929 war er Gemeindeältester der jüdischen Gemeinde. Er wanderte nach Chile aus, kehrte aber nach dem Krieg nach Deutschland zurück. Gustav Schaumberg verstarb in Frankfurt.

Auguste Schaumberg, geborene Goldschmidt, wurde am 2.9.1877 in Ziegenhain geboren. 1929 zog sie nach Frankfurt. Es gelang ihr nicht mehr, ihrem Mann nach Chile zu folgen. Von Holland aus wurde sie deportiert. Auguste Schaumbergs Spur verliert sich im Vernichtungslager Sobibor. Die Umstände ihrer Ermordung sind nicht bekannt.

Selmar Schaumberg wurde 16.7.1904 als Sohn von Auguste und Gustav in Schweinsberg geboren. Er hat beim Vater gearbeitet. 1929 zog er nach Frankfurt. Von Holland deportierte man ihn in das Vernichtungslager Auschwitz, wo sich seine Spur verliert. Selmar Schaumberg wurde für tot erklärt. Die Umstände seiner Ermordung sind nicht bekannt.

Ernst Schaumberg wurde 1907 als Sohn von Auguste und Gustav geboren. 1929 zog er nach Frankfurt. Er ist nach Palästina ausgewandert.

Friedel Schaumberg wurde am 14.4.1911 in Marburg als Tochter von Auguste und Gustav geboren. Sie zog 1929 nach Frankfurt. 1935 wanderte sie nach Palästina aus.

Familie Ziegelstein, Haus Nr. 57

Sally Ziegelstein wurde am 2.8.1881 in Treis/Lumda geboren. Er war der Ehemann von Minna Isenberg. Er betrieb Viehhandel, war Tankstelleninhaber und Schankwirt. Am 15.6.1936 zog er nach Kirchhain. Von dort deportierte man ihn am 8. Dezember 1941 ins Ghetto Riga. Sally Ziegel-stein kehrte nicht wieder zurück. Umstände und Ort seiner Ermordung sind nicht bekannt (s.a. Familie Lomnitz in Kirchhain).

Minna Ziegelstein, geborene Isenberg, wurde am 5. September 1885 in Sterzhausen geboren. Am 15. Juni 1936 zog sie nach Kirchhain. Von dort aus wurde sie am 8. Dezember 1941 in das Ghetto Riga deportiert, wo sich ihre Spur verliert. Umstände und Ort ihrer Ermordung sind nicht bekannt (s.a. Familie Lomnitz in Kirchhain).

Emmy Ziegelstein wurde am 9. Juli 1913 als Tochter von Minna und Sally in Sterzhausen geboren. Sie war Verkäuferin. Im Zeitraum 1933/34 wanderte sie nach England aus.

Isenberg, Haus Nr. 54

Berta Isenberg, geborene Katten, wurde am 8.12.1861 in Josbach geboren. Sie war die Mutter von Minna. Am 31.7.1937 zog sie nach Kirchhain und am 7.7.1941 nach Frankfurt. Von dort wurde sie deportiert. Bertha Isenbergs Spur verliert sich in Minsk. Die Umstände ihrer Ermordung sind nicht bekannt.

Berger, Oberweg

Dr. Heinrich Berger wurde am 30.4.1878 in Breslau geboren. Er konvertierte zum Christentum und heiratete Meta, deren Mädchenname unbekannt ist. Sie war keine Jüdin. Heinrich Berger arbeitete als Bibliotheksrat in der Universitätsbibliothek Marburg. 1937/38 ist er von Marburg nach Wehrda umgezogen, wo er am 12.10.1939 verstarb.

Dr. Heinrich Berger.
Kennkartenfoto um 1939.

Familie Buxbaum, Haus Nr. 42 *(Goßfelder Straße)*

Julius Buxbaum wurde am 15. Februar 1904 geboren. Er war der Ehemann von Irene Stern und von Beruf Viehhändler. Am 5. Oktober 1937 wanderte er in die USA aus.

Irene Buxbaum, geborene Stern, wurde am 13.2.1902 geboren. Sie ist am 5.10.1937 in die USA ausgewandert.

Hannelore (Henni) Buxbaum wurde am 14.10.1930 als Tochter von Irene und Julius geboren. Sie ist mit ihren Eltern am 5.10.1937 in die USA ausgewandert.

Ascher Stern wurde am 8.3.1854 geboren. Er war der Vater von Irene. Von Beruf war er Viehhändler. Er verstarb am 19.6.1936 in Kirchhain.

Familie Hess, Haus Nr. 20

Levi Hess wurde am 4.7.1873 in Oberasphe geboren. Er war der Ehemann von Bertha Stern und von Beruf Viehhändler. Am 22.6.1938 zog er nach Frankfurt. Von dort wurde Levi Hess deportiert. Seine Spur verliert sich in Minsk. Die Umstände seiner Ermordung sind nicht bekannt.

Bertha Hess, geborene Stern, wurde am 15.10.1870 in Wehrda geboren. Sie zog am 22.6.1938 nach Frankfurt.

Adolf Hess wurde am 14.1.1906 als Sohn von Bertha und Levi in Wehrda geboren. Von Beruf war er Metzger und Viehhändler. Er ist am 28.7.1938 in die USA ausgewandert.

Bertha Hess.
Kennkartenfoto um 1939.

Adolf Hess.
Paßfoto von 1938.

Familie Bachenheimer, Fuhrstraße 237 *(heute Nr. 49)*

Abraham (Abchen) Bachenheimer wurde am 16.10.1862 in Wetter geboren. Er war der Vater von Fritz und mit Berta Jacob verheiratet. Von Beruf war er Händler. Er wanderte am 20.11.1937 in die USA aus.

Berta Bachenheimer, geborene Jacob, wurde am 24.4.1866 geboren. Sie war die Mutter von Fritz. Am 6.4.1926 ist sie in Wetter gestorben.

Fritz Siegfried Bachenheimer wurde am 7.4.1892 in Wetter geboren. Er war der Ehemann von Erna Reis. Von Beruf war er Kaufmann und betrieb ein Geschäft für Bekleidung und Haustextilien. Er ist am 20.11.1937 in die USA ausgewandert.

Erna Bachenheimer, geborene Reis, wurde am 28.8.1894 in Allendorf geboren. Sie wanderte am 20.11.1937 in die USA aus.

Walter Bachenheimer wurde am 30. März 1922 in Wetter als Sohn von Erna und Fritz geboren. Er ist am 20. November 1937 mit seinen Eltern in die Vereinigten Staaten ausgewandert.

Ruth Bachenheimer wurde am 27. Oktober 1924 als Tochter von Erna und Fritz in Wetter geboren. Am 20. November 1937 wanderte sie zusammen mit ihren Eltern in die USA aus.

Martin Edelmuth wurde am 21.3.1916 geboren. Er war Verkäufer bei Bachenheimers. Am 29.9.1936 ist er in die USA ausgewandert.

Ruth Stern wurde am 19.5.1920 in Oberasphe geboren. Sie war Hausangestellte bei Bachenheimers und zog am 24.4.1937 nach Oberasphe.

Familie Bachenheimer (Susmanns), Krämergasse 90 *(heute Nr. 9)*

Susmann Bachenheimer wurde am 6. August 1849 geboren. Er war der Ehemann von Hedwig Isenberg. Am 5.12.1917 ist er gestorben.

Hedwig Bachenheimer, geborene Isenberg, wurde am 3.4.1852 in Sterzhausen geboren. Am 23.2.1936 verstarb sie in Wetter.

Leopold Bachenheimer wurde am 17. Juli 1895 als Sohn von Hedwig und Susmann in Wetter geboren. Er war der Ehemann von Sophie Spier. Leopold Bachenheimer handelte er mit Häuten und Fellen. Später betrieb er ein Schuhgeschäft. Am 19.2.1936

wanderte er nach Palästina aus, kehrte aber 1956 nach dem Tode seiner Frau nach Deutschland zurück. Er verstarb am 12. Juni 1970 in Lemgo.

Sophie Bachenheimer, geborene Spier, wurde am 11. Mai 1897 in Merzhausen/Ziegenhain geboren. Sie ist am 19. Februar 1936 nach Palästina ausgewandert.

Erich Bachenheimer (Efraim Nahary) wurde am 29.8.1921 als Sohn von Sophie und Leopold in Wetter geboren. Er ist mit seinen Eltern am 19.2.1936 nach Palästina ausgewandert.

Lotte Bachenheimer wurde am 30.5.1924 in Wetter als Tochter von Sophie und Leopold geboren. Sie wanderte am 19.2.1936 mit den Eltern nach Palästina aus.

Kurt Bachenheimer (Eliezer Nahary) wurde am 18.3.1927 als Sohn von Sophie und Leopold in Marburg geboren. Er ist am 19.2.1936 mit den Eltern nach Palästina ausgewandert.

Heinz Bachenheimer (Tuvia Nahary) wurde am 27.5.1929 als Sohn von Sophie und Leopold in Wetter geboren. Am 19. Februar 1936 wanderte er mit seinen Eltern nach Palästina aus.

Werner Bachenheimer (David Nahary) wurde am 18.3.1933 in Wetter als Sohn von Sophie und Leopold geboren. Er ist am 19.2.1936 mit den Eltern nach Palästina ausgewandert.

Abraham Sedeletzki wurde 1865 in Grodnow / Polen geboren. Er war Rentner. Vermittelt durch das jüdische Wohlfahrtsamt kam er 1934/35 aus Oberschlesien zur Familie Bachenheimer. Am 4.7.1939 zog er nach Frankfurt.

Auguste Gottschalk wurde am 5.1.1902 in Niederzissen / Rheinland geboren. Sie wurde der Familie Bachenheimer durch das jüdische Wohlfahrtsamt vermittelt. Am 29.8.1937 zog sie nach Wehrda und arbeitete bei der Familie Hess. Am 22.6.1938 zog sie nach Frankfurt. Von dort wurde Auguste Gottschalk in das Konzentrations- und Vernichtungslager Auschwitz deportiert. Sie ist dort am 7.10.1942 ermordet worden.

Familie Bachenheimer, Fuhrstraße 123 *(heute Nr. 38)*

Moritz Bachenheimer wurde am 22.8.1888 in Wetter geboren. Er war der Ehemann von Rosa Lehrberger und von Beruf Metzger. Am 31.5.1942 deportierte man ihn von Wetter ins Ghetto Lublin. Moritz Bachenheimer ist im Konzentrations- und Vernichtungslager Auschwitz umgekommen.

Rosa Bachenheimer, geborene Lehrberger, wurde am 31.5.1893 in Wetter als Tochter von Fanny und Moses Lehrberger geboren. Am 31.5.1942 wurde sie von Wetter ins Ghetto Lublin deportiert. Rosa Bachenheimer ist ebenfalls im Konzentrations- und Vernichtungslager Auschwitz umgekommen.

Moritz Bachenheimer.
Kennkartenfoto um 1939.

Johanna Bachenheimer wurde am 17. September 1920 als Tochter von Rosa und Moritz in Wetter geboren. Von Beruf war sie Hausangestellte. Am 1.2.1937 zog sie nach Frankfurt und wanderte später in die USA aus.

Hildegard Bachenheimer wurde am 4. November 1921 in Wetter als Tochter von Rosa und Moritz geboren. Von Wetter wurde sie am 31.5.1942 ins Ghetto Lublin deportiert. Hildegard Bachenheimer kehrte nicht wieder zurück. Die Umstände ihrer Ermordung sind nicht bekannt.

Else Bachenheimer wurde am 4. November 1921 in Wetter geboren. Sie war Zwillingsschwester von Hildegard. Sie starb am 5.11.1922.

Paul Bachenheimer wurde am 26.12.1930 als Sohn von Rosa und Moritz in Marburg geboren. Er wurde am 31.5.1942 von Wetter ins Ghetto Lublin deportiert, wo sich seine Spur verliert. Die Umstände seiner Ermordung sind nicht bekannt.

Rosa Bachenheimer.
Kennkartenfoto um 1939.

Hildegard Bachenheimer.
Kennkartenfoto um 1939.

Familie Baum (Leeser/Leiser), Mönchtor 199 *(heute Nr. 13)*

Elieser (Lesemann) Baum wurde am 30. August 1863 in Wittelsberg geboren. Er war der Ehemann von Mathilde Winterberg und von Beruf Viehhändler. Am 14. November 1939 zog er nach Frankfurt. Von dort deportierte man ihn ins Ghetto Theresienstadt. Elieser Baum ist dort am 7. April 1943 umgekommen.

Mathilde Baum, geborene Winterberg, wurde am 21.1.1870 in Wolfhagen geboren. Sie zog am 14.11.1939 nach Frankfurt. Von dort wurde Mathilde Baum ins Ghetto Theresienstadt deportiert, wo sie am 25.4.1943 umgekommen ist.

Selma Baum wurde am 5.10.1897 als Tochter von Mathilde und Elieser in Wetter geboren. Von Beruf war sie Kontoristin. 1935 zog sie nach Kassel. Von dort wurde sie am 6.9.1942 ins Ghetto Theresienstadt deportiert. Selma Baum ist im Konzentrations- und Vernichtungslager Auschwitz verschollen. Die Umstände ihrer Ermordung sind nicht bekannt.

Gerda Baum wurde am 14.7.1907 als Tochter von Elieser und Mathilde geboren. Sie verstarb am 5.12.1925.

Karl Baum war ein Sohn von Elieser und Mathilde. Er ist vor 1936 aus Wetter weggezogen und dann in die USA ausgewandert.

Elieser (Lesemann) Baum.
Kennkartenfoto um 1939.

Mathilde Baum.
Kennkartenfoto um 1939.

Familie Baum, Fuhrstraße 134 *(heute Nr. 20)*

Karl Baum wurde am 4.7.1896 in Wetter geboren. Er war der Ehemann von Selma Marx und von Beruf Viehhändler. Am 7. September 1938 ist er in die USA ausgewandert.

Selma Baum, geborene Marx, wurde am 26.2.1898 in Gemünden geboren. Sie wanderte am 7.9.1938 in die USA aus.

Fred Baum wurde am 1.8.1923 in Wetter als Sohn von Selma und Karl geboren. Am 7.9.1938 ist er mit seinen Eltern in die USA ausgewandert.

Emmi Baum wurde am 12.11.1928 als Tochter von Selma und Karl in Wetter geboren. Sie wanderte am 7.9.1938 mit ihren Eltern in die USA aus.

Elise Baum geborene Stern, wurde am 13.5.1868 in Wieseck geboren. Sie war die Mutter von Karl. Am 7.9.1938 ist sie in die USA ausgewandert.

Karl Baum.
Paßfoto von 1938.

Selma Baum.
Paßfoto von 1938.

Fred Baum.
Paßfoto von 1938.

Emmi Baum.
Paßfoto von 1938.

Elise Baum.
Paßfoto von 1938.

Familie Buchheim, Obertor 13 *(heute Nr. 2)*

Josef Buchheim wurde am 17.1.1890 in Rosenthal geboren. Er war der Ehemann von Ella Katz und von Beruf Viehhändler. Am 25.9.1939 zog er nach Marburg. Von dort deportierte man ihn am 8.12.1941 in das Ghetto Riga. Josef Buchheim ist am 6.12.1944 im Konzentrationslager Dachau umgekommen.

Ella Buchheim wurde am 30.6.1897 als Tochter von Liebmann Katz in Wetter geboren. Am 25.9.1939 zog sie nach Marburg. Von dort wurde sie am 8.12.1941 ins Ghetto Riga deportiert. Ella Buchheim ist am 9.1.1945 im Konzentrationslager Stutthof umgekommen.

Fred Buchheim wurde am 22.10.1922 als Sohn von Ella und Josef in Marburg geboren. Nach dem Pogrom wurde er mit seinem Vater im Landjahrlager in Kirchhain

Josef Buchheim.
Kennkartenfoto um 1939.

gefangengehalten. Er konnte fliehen und erreichte über die Niederlande die britische Insel. Im zweiten Weltkrieg kämpfte Fred Buchheim als britischer Soldat. 1947 zog er wieder nach Wetter. Nach dem 2. Weltkrieg war er stellvertretender Vorsitzender der jüdischen Gemeinde Marburg. Fred Buchheim verstarb am 29.6.1968 in Wetter.

Inge Buchheim wurde am 4.5.1929 als Tochter von Ella und Josef in Wetter geboren. Am 25.9.1939 zog sie nach Marburg. Von dort wurde sie am 8.12.1941 ins Ghetto Riga deportiert. Inge Buchheims Spur verliert sich im Konzentrationslager Stutthof. Die Umstände ihrer Ermordung sind nicht bekannt.

Liebmann Katz wurde am 5.3.1857 in Hatzbach geboren. Er war der Vater von Ella Buchheim und Hilda Stern. Von Beruf

war Liebmann Katz Viehhändler. Ab 1934 war er der Vorsteher der jüdischen Gemeinde in Wetter. Er verstarb am 27.4.1939 in Wetter.

Ella Buchheim.
Kennkartenfoto um 1939.

Fred Buchheim.
Kennkartenfoto um 1939.

Liebmann Katz.
Kennkartenfoto um 1939.

Familie Dannenberg (Josemanns), Hospitalstraße 47 *(heute Nr. 10)*

Karl Dannenberg wurde am 8.10.1877 in Wetter geboren. Er war der Ehemann von Klara Reinheimer und von Beruf Pferdehändler. Am 23.5.1940 zog er nach Marburg. Von dort deportierte man ihn am 8.12.1941 ins Ghetto Riga, wo sich seine Spur verliert. Umstände und Ort seiner Ermordung sind nicht bekannt.

Klara Dannenberg, geborene Reinheimer, wurde am 9.8.1876 in Habitzheim geboren. Sie zog am 23.5.1940 nach Marburg. Von dort wurde sie am 8.12.1941 ins Ghetto Riga deportiert. Klara Dannenberg kehrte nicht wieder zurück. Umstände und Ort ihrer Ermordung sind nicht bekannt.

Julius Dannenberg wurde am 15.1.1908 als Sohn von Klara und Karl in Wetter

Karl Dannenberg.
Kennkartenfoto um 1939.

Klara Dannenberg.
Kennkartenfoto um 1939.

Julius Dannenberg.
Kennkartenfoto um 1939.

geboren. Er arbeitete als Gehilfe. Am 23.5.1940 zog er nach Marburg. Von dort wurde er am 8.12.1941 ins Ghetto Riga deportiert, wo sich seine Spur verliert. Umstände und Ort seiner Ermordung sind nicht bekannt.

Emil Dannenberg war Sohn von Klara und Karl und arbeitete als Landwirt. 1935 wanderte er nach Palästina aus.

Beda Reinheimer wurde am 25.12.1885 in Habitzheim/Kreis Dieburg geboren. Sie war die Schwester von Klara und zog am 23.5.1940 mit nach Marburg. Von dort wurde sie am 8.12.1941 ins Ghetto Riga deportiert, wo sich ihre Spur verliert. Umstände und Ort ihrer Ermordung sind nicht bekannt.

Beda Reinheimer.
Kennkartenfoto um 1939.

Familie Freudenthal (Binges), Mönchtor 76 *(heute Nr. 8)*

Karl Freudenthal wurde am 24. Januar 1875 in Wetter geboren. Er war der Bruder von Fanny Lehrberger und Ehemann von Mathilde Halberstadt. Von Beruf war er Viehhändler. Am 18. Januar 1939 zog er nach Frankfurt. Von dort wurde er deportiert. Karl Freudenthals Spur verliert sich im Ghetto Riga. Umstände und Ort seiner Ermordung sind nicht bekannt.

Mathilde Freudenthal, geborene Halberstadt, wurde am 18. November 1871 in Blessenbach geboren. Sie zog am 18. Januar 1939 nach Frankfurt. Von dort wurde sie deportiert. Mathilde Freudenthal ist im Ghetto Riga verschollen. Umstände und Ort ihrer Ermordung sind nicht bekannt.

Karl Freudenthal.
Kennkartenfoto um 1939.

Mathilde Freudenthal.
Kennkartenfoto um 1939.

Julius Freudenthal.
Kennkartenfoto um 1939.

Julius Freudenthal wurde am 15.5.1900 als Sohn von Mathilde und Karl geboren. Er ist vor 1936 von Wetter weggezogen. Von Frankfurt aus deportierte man ihn ins Ghetto Riga, wo sich seine Spur verliert. Umstände und Ort seiner Ermordung sind nicht bekannt.

Familie Hess, Wasserloch 45 *(An der Stadtmauer 19)*

Abraham Hess wurde am 24.9.1875 geboren. Er war der Ehemann von Rosa Reuter und von Beruf Viehhändler. 1936 wanderte er in die USA aus.

Rosa Hess, geborene Reuter (Reuben), wurde am 30.3.1881 geboren. Sie ist 1936 in die USA ausgewandert.

Siegfried Hess wurde am 8.7.1902 als Sohn von Rosa und Abraham geboren. Er ist vor 1936 weggezogen und später in die USA ausgewandert.

Trude Hess, verheiratete Josef, war eine Tochter von Rosa und Abraham. Sie ist am 26.3.1936 in die Vereinigten Staaten ausgewandert.

Leo Hess war ein Sohn von Rosa und Abraham. Er zog vor 1936 von Wetter weg. 1958 lebte er in den USA.

Familie Hess, Gänseberg 175 *(heute Nr. 5)*

David Hess wurde am 1.4.1869 in Oberasphe geboren. Er war der Ehemann von Frieda Krämer und von Beruf Viehhändler. Am 15.4.1940 zog er nach Marburg. Von dort deportierte man ihn am 6.9.1942 ins Ghetto Theresienstadt. David Hess kehrte nicht wieder zurück. Die Umstände seiner Ermordung sind nicht bekannt.

Frieda Hess, geborene Krämer, wurde am 19.12.1873 in Griedel/Kreis Friedberg geboren. Sie zog am 15.4.1940 nach Marburg. Von dort wurde sie am 6.9.1942 ins Ghetto Theresienstadt deportiert. Frieda Hess kehrte nicht wieder zurück. Die Umstände ihrer Ermordung sind nicht bekannt.

Ludwig Hess wurde am 10.9.1904 als Sohn von Frieda und David geboren. Er ist vor 1936 aus Wetter weggezogen, und 1939 war er in Hamburg gemeldet. Es gelang ihm noch, in die USA auszuwandern.

Oskar Hess wurde am 9.4.1909 als Sohn von Frieda und David in Wetter geboren. Von Beruf war er Händler. Am 15.4.1940 zog er nach Marburg. Von dort wurde er am 6.9.1942 ins Ghetto Theresienstadt deportiert. Im Konzentrations- und Vernichtungslager Majdanek/Lublin ist Oskar Hess am 24.7.1942 umgekommen.

Walter Hess wurde am 1.5.1910 in Wetter als Sohn von Frieda und David geboren. Er war Händler von Beruf. Am 7.7.1938 wanderte er in USA aus.

Arthur Hess war ein Sohn von Frieda und David. Er ist vor 1936 weggezogen und dann in die USA ausgewandert.

David Hess.
Kennkartenfoto um 1939.

Frieda Hess.
Kennkartenfoto um 1939.

Ludwig Hess.
Kennkartenfoto um 1939.

Oskar Hess.
Kennkartenfoto um 1939.

Herbert Hess wurde am 7.6.1917 als Sohn von Frieda und David in Wetter geboren. Von Beruf war er Metzger. Er wanderte am 26.7.1937 in die USA aus.

Clara Hess wurde am 1.3.1902 als Tochter von Frieda und David geboren. Sie ist am 18.10.1918 in Wetter gestorben.

Flora Hess wurde am 22.1.1913 als Tochter von Frieda und David in Wetter geboren. Sie heiratete Fritz Kutsch, der kein Jude war. Von Beruf war sie Hausangestellte. Am 19.5.1936 zog sie nach Frankfurt. 1942 wanderte sie zusammen mit ihrem Sohn in die USA aus.

Herbert Kutsch wurde am 2.5.1933 als Sohn von Flora und Fritz geboren. Er zog 1936 nach Frankfurt und ist 1942 mit seiner Mutter in die Vereinigten Staaten ausgewandert.

Flora Hess.
Kennkartenfoto um 1939.

Familie Hess (Zoniks), Mönchtor 197 *(heute Nr. 19)*

Röschen Hess, geborene Lilienstein, wurde am 2. März 1849 geboren. Sie war die Witwe von Zacharias Hess. Am 20. November 1935 zog sie nach Marburg. Dort ist sie am 20. November 1936 gestorben.

Auguste Hess wurde am 27.3.1885 als Tochter von Röschen und Zacharias in Wetter geboren. Am 10.8.1938 zog sie nach Frankfurt.

Sophie Blum, geborene Hess, wurde am 26.9.1878 in Wetter als Tochter von Röschen und Zacharias geboren. Am 5.7.1933 zog sie von Frankenau nach Wetter. Sie ist am 16.11.1934 in die USA ausgewandert.

Meier Blum wurde am 4.2.1871 in Frankenau geboren. Er war der Ehemann von Sophie. Am 5.7.1933 zog er nach Wetter. Er wanderte am 16.11.1934 in die USA aus.

Auguste Hess.
Kennkartenfoto um 1939.

Familie Lehrberger, Krämergasse 94 *(heute Nr. 1)*

Juda Lehrberger wurde am 25.9.1860 geboren. Er war Ehemann von Johanna Levi. Am 1.5.1925 ist er in Wetter gestorben.

Johanna Lehrberger, geborene Levi, wurde am 16.11.1868 in Bierstein geboren. Sie zog am 28.4.1937 nach Berlin.

Berta Lehrberger, verheiratete Goldstein, wurde am 28.8.1897 als Tochter von Johanna und Juda geboren. 1939 zog sie nach Berlin. Von dort wurde sie deportiert. Berta Lehrbergers Spur verliert sich im Konzentrationslager Kowno. Die Umstände ihrer Ermordung sind nicht bekannt.

Gustav Lehrberger
Kennkartenfoto um 1939.

Gustav Lehrberger wurde am 19.1.1904 als Sohn von Juda und Johanna in Wetter geboren. Er war Kaufmann und betrieb ein Limonaden- und Mineralwassergeschäft. Am 21.3.1939 wanderte er in die USA aus.

Familie Lehrberger, Fuhrstraße 145 *(heute Nr. 10)*

Abraham Lehrberger wurde am 2.8.1858 in Wetter geboren. Er war der Ehemann von Johanna Adler. Von Beruf war er Kaufmann und Viehhändler. Am 14.10.1939 zog er nach Marburg, wo er in dem Ghettohaus in der Schwanallee untergebracht worden ist. Er ist am 25.8.1941 in Frankfurt wahrscheinlich in einem jüdischen Altersheim gestorben.

Johanna Lehrberger, geborene Adler, wurde am 3.5.1859 in Kesterbach geboren. Sie verstarb am 2.3.1938 in Wetter.

Moritz Lehrberger wurde am 7.8.1888 als Sohn von Johanna und Abraham geboren. 1939 zog er nach Frankfurt. Von dort wurde er deportiert. Moritz Lehrberger ist am 7.8.1942 im Ghetto Lodz umgekommen.

Berta Sichel, geborene Lehrberger, wurde am 26.9.1890 als Tochter von Johanna und Abraham in Wetter geboren. Sie handelte mit Textilien. Am 14.10.1939 zog sie nach Frankfurt. Von dort deportierte man sie im Mai/Juni 1942 ins Ghetto Lublin. Berta Sichel kehrte nicht wieder zurück. Die Umstände ihrer Ermordung sind nicht bekannt.

Abraham Lehrberger.
Kennkartenfoto um 1939.

Moritz Lehrberger.
Kennkartenfoto um 1939.

Berta Sichel.
Kennkartenfoto um 1939.

Moritz Sichel.
Kennkartenfoto um 1939.

Moritz Sichel wurde am 11.4.1893 in Gaukönigshofen geboren. Er heiratete Berta Lehrberger. Am 5.6.1939 zog er nach Frankfurt. Im Mai/Juni 1942 wurde er ins Ghetto Lublin deportiert. Moritz Sichel ist am 24.8.1942 im Konzentrations- und Vernichtungslager Majdanek/Lublin umgekommen.

Erna Lehrberger wurde am 12.8.1902 als Tochter von Johanna und Abraham geboren. 1939 zog sie nach Frankfurt und wurde ebenfalls im Mai/Juni 1942 ins Ghetto Lublin deportiert. Erna Lehrberger gilt als verschollen. Die Umstände ihrer Ermordung sind nicht bekannt.

Erna Lehrberger.
Kennkartenfoto um 1939.

Familie Lehrberger, Fuhrstraße 125 *(heute Nr. 36)*

Moses Lehrberger wurde am 9.6.1864 in Wetter geboren. Er war mit Fanny Freudenthal verheiratet. Von Beruf war er Viehhändler. Am 6.9.1942 wurde er von Wetter ins Ghetto Theresienstadt und am 29.9.1942 weiter in das Vernichtungslager Maly Trostinec deportiert, wo sich seine Spur verliert. Die Umstände seiner Ermordung sind nicht bekannt.

Fanny Lehrberger, geborene Freudenthal, wurde am 20.11.1868 in Wetter geboren. Sie war die Schwester von Karl Freudenthal und die Mutter von Rosa Bachenheimer. Am 6.9.1942 wurde sie von Wetter ins Ghetto Theresienstadt deportiert. Am 29.9.1942 brachte man sie in das Vernichtungslager Maly Trostinec. Fanny Lehrberger kehrte nicht wieder zurück. Die Umstände ihrer Ermordung sind nicht bekannt.

Moses Lehrberger.
Kennkartenfoto um 1939.

Fanny Lehrberger.
Kennkartenfoto um 1939.

Familie Plaut, Fuhrstraße 152 *(heute Nr. 17)*

Samuel Plaut wurde am 22. Februar 1866 in Rauschenberg geboren. Er war der Ehemann von Minna Katz. Neben dem Viehhandel verkaufte noch er Stoffe und Textilien. Am 20.2.1938 wanderte er in die USA aus.

Minna Plaut, geborene Katz, wurde am 4. November 1868 in Hatzbach geboren. Sie ist am 20. Februar 1938 in die USA ausgewandert.

Hedwig Plaut wurde am 24. August 1895 als Tochter von Minna und Samuel in Hatzbach geboren. Sie wanderte am 20. Februar 1938 in die USA aus.

Walter Plaut wurde am 26.8.1909 in Hatzbach als Sohn von Minna und Samuel geboren. Am 2.11.1936 ist er in die USA ausgewandert.

Käthe Plaut war eine Tochter von Minna und Samuel. Sie ist vor 1936 aus Wetter weggezogen.

Leopold Plaut wurde am 26.10.1896 als Sohn von Minna und Samuel in Hatzbach geboren. Er war der Ehemann von Klara Blumenfeld. Als Kaufmann betrieb er mit seinem Bruder ein Konfektionsgeschäft. Er ist am 23.11.1937 in die USA ausgewandert.

Klara Plaut, geborene Blumenfeld, wurde am 30.11.1902 in Hoya geboren. Sie ist am 3. März 1937 von Hoya zugezogen. Am 23.11.1937 wanderte sie in die USA aus.

Helga Plaut wurde am 23.5.1937 in Marburg als Tochter von Klara und Leopold geboren. Sie ist am 23.11.1937 in die USA ausgewandert.

Familie Stern, Fuhrstraße 159 *(heute Nr. 5)*

Albert Stern wurde am 10.2.1881 in Wetter geboren. Er war der Ehemann von Hilde Katz. Von Beruf war er Pferdehändler und Landwirt. Bis 1933 war er Stadtverordneter der DDP. Am 6.3.1938 ist er in die USA ausgewandert.

Hilda Stern, geborene Katz, wurde am 2.6.1887 geboren. Sie wanderte am 6.3.1938 in die USA aus.

Alfred Stern wurde am 25.1.1907 als Sohn von Hilde und Albert geboren. Er war Händler von Beruf. 1936/37 wanderte er in die USA aus.

Gerda Stern wurde am 17.6.1908 als Tochter von Hilde und Albert geboren. Am 13.10.1936 zog sie nach Neu-Isenburg. Von dort ist sie am 25.11.1937 ausgewandert.

Julius Stern war ein Sohn von Hilde und Albert. Ende 1935 ist er nach Palästina ausgewandert.

Ilse Stern wurde am 30.10.1912 als Tochter von Hilde und Albert geboren. Sie ist am 8.2.1937 in die USA ausgewandert.

Willi Stern wurde am 13.5.1918 geboren. Er war ein Sohn von Hilde und Albert.

Irmgard Stern wurde am 4. Dezember 1920 als Tochter von Hilde und Albert geboren. Am 8.2.1937 ist sie in die USA ausgewandert.

Ernst Stern wurde am 5.6.1928 als Sohn von Hilde und Albert geboren. Er ist am 6.3.1938 mit den Eltern in die USA ausgewandert.

Abraham Stern wurde 1842 in Oberasphe geboren. Er war der Vater von Albert und mit Friedericke Oppenheimer verheiratet. Am 1.4.1901 verstarb er in Wetter.

Friedericke Stern, geborene Oppenheimer, wurde am 23.9.1852 geboren. Sie war die Mutter von Albert. Am 20.11.1936 ist sie in Marburg gestorben.

Familie Strauß, Mönchtor 77 *(heute Nr. 6)*

Hermann Strauß wurde am 1.10.1875 in Amöneburg geboren. Er war der Ehemann von Julie Alexander. Er besaß einen Kolonialwarenladen und übte das Amt des Schächters aus. Hermann Strauß war außerdem Vorsitzender der jüdischen Gemeinde in Wetter. Am 16.11.1934 wanderte er in die USA aus.

Julie Strauß, geborene Alexander, wanderte mit Mann und Kindern 1934 in die USA aus.

Sally Strauß wurde am 3. Juli 1907 als Sohn von Julie und Hermann geboren. Er ist 1934 in die USA ausgewandert.

Ilse Strauß war eine Tochter von Julie und Hermann. Sie ist vor 1936 von Wetter weggezogen und dann in die USA ausgewandert.

Max Strauß war ein Sohn von Julie und Hermann. Er ist ebenfalls vor 1936 weggezogen und in die USA ausgewandert.

Katinka Auguste Strauß wurde am 18. Dezember 1874 in Amöneburg geboren. Sie war die Schwester von Hermann und arbeitete als Hausdame. Am 31.5.1937 zog sie nach Frankenberg und kehrte am 29.11.1937 nach Wetter zurück. Am 14.4.1940 zog sie nach Mainz ins Altersheim.

Katinka Auguste Strauß.
Kennkartenfoto um 1939.

Familie Baum (Grietels), Haus Nr. 65

Karl Baum wurde am 17. Mai 1883 in Wittelsberg geboren. Er war der Ehemann von Marianne und von Beruf Sattler. Am 13. Februar 1936 ist er in die USA ausgewandert.

Marianne Baum wurde am 10.9.1884 in Kirchhain geboren. Sie ist am 13.2.1936 in die USA ausgewandert.

Karla Baum wurde am 13.3.1926 in Wittelsberg geboren. Am 13.2.1936 wanderte sie zusammen mit ihren Eltern in die USA aus.

Familie Baum (Eliasse), Haus Nr. 33

Anschil Baum war der Ehemann von Lina und von Beruf Handelsmann. Das Ehepaar hatte Kinder, doch gibt es bisher keine Angaben über sie. 1934/35 ist er in die USA ausgewandert.

Lina Baum ist wahrscheinlich mit ihrem Mann und ihren Kindern 1934/35 in die USA ausgewandert.

Familie Schaumberg, Haus Nr. 16

Julius Schaumberg wurde am 1.4.1865 in Schweinsberg geboren. Er war der erste Ehemann von Rosa Rülf. Am 28.10.1908 verstarb er in Schweinsberg.

Rosa Schaumberg, geborene Rülf, wurde am 3.7.1878 in Wittelsberg geboren. Am 15.3.1940 zog sie nach Adelepsen/Kreis Uslar. Dort heiratete sie ein zweites Mal und nahm den Namen Rothschild an. Von Uslar wurde sie ins Ghetto Theresienstadt deportiert. Rosa Schaumberg ist am 4. Juni 1943 umgekommen.

Rickchen Rülf wurde 1872 geboren. Sie war die Schwester von Rosa Schaumberg. 1934 ist sie in Wittelsberg gestorben.

Rosa Schaumberg.
Kennkartenfoto um 1939.

Familie Buchheim (Schlomes), Haus Nr. 57 *(Gemündener Straße)*

Albert Buchheim wurde am 10.10.1896 geboren. Er war der Ehemann von Betty Kadden und von Beruf Viehhändler. Am 10.11.1938 ist er in die USA ausgewandert.

Betty Buchheim, geborene Kadden, wurde am 15.10.1899 geboren. Sie verstarb im April 1938 in Wohra.

Marianne Buchheim wurde am 13.3.1926 als Tochter von Betty und Albert geboren. Sie ist am 10.11.1938 zusammen mit ihrem Vater in die USA ausgewandert.

Max Buchheim wurde am 7.1.1900 geboren. Er war der Bruder von Albert. Seit dem 1.10.1937 wohnte er nicht mehr in Wohra. Er soll der 'Euthanasie', vielleicht in Hadamar, zum Opfer gefallen sein.

Familie Buchheim (Josefs/Levis), Haus Nr. 135 *(Heimbacher Weg)*

Levi Buchheim wurde am 17.1.1879 geboren. Er war der Ehemann von Goldine Appel. Von Beruf war er Viehhändler. Am 7.6.1933 ist er in Wohra gestorben.

Goldine Buchheim, geborene Appel, wurde am 17. Dezember 1883 geboren. Sie zog am 30.12.1936 nach Luxemburg und wanderte dann am 11. April 1938 nach Kolumbien aus.

Siegfried Buchheim wurde am 9. 4.1908 als Sohn von Goldine und Levi geboren. Er war Viehhändler. Am 30.12.1936 zog er nach Luxemburg und ist von dort am 11.4.1938 nach Kolumbien ausgewandert.

Walter Buchheim wurde am 16.2.1910 als Sohn von Goldine und Levi geboren. Er ist Kaufmann von Beruf. Am 11.4.1938 wanderte er nach Kolumbien aus. Heute lebt er in Israel.

Theodor Buchheim wurde am 6.9.1918 als Sohn von Goldine und Levi geboren. Am 26.11.1936 ging er nach Luxemburg. Von dort ist er 1936 nach Kolumbien ausgewandert.

Familie Kadden (Arens), Haus Nr. 24 *(In der Bergstraße)*

Aron Adolf Kadden wurde am 19.7.1888 in Wohra geboren. Er war der Ehemann von Klara Stern. Von Beruf war er Landwirt. Am 8.4.1939 ist er nach Argentinien ausgewandert.

Klara Kadden, geborene Stern, wurde am 2. Juli 1893 in Zwesten geboren. Sie wanderte am 8. April 1939 nach Argentinien aus.

Aron Adolf Kadden.
Paßfoto von 1938.

Klara Kadden.
Kennkartenfoto um 1939.

Edith Kadden wurde am 26. Februar 1921 als Tochter von Klara und Aron geboren. Sie ist am 8.4.1939 ebenfalls nach Argentinien ausgewandert.

Walter Kadden wurde am 4.7.1922 als Sohn von Klara und Aron geboren. Er ist am 8.4.1939 mit seinen Eltern nach Argentinien ausgewandert.

Edith Kadden.
Kennkartenfoto um 1939.

Walter Kadden.
Kennkartenfoto um 1939.

Fredi Kadden wurde am 30.10.1924 in Wohra als Sohn von Klara und Aron geboren. Er wanderte mit seinen Eltern am 8.4.1939 nach Argentinien aus.

Fredi Kadden.
Kennkartenfoto um 1939.

Familie Kadden (Simons), Haus Nr. 28 *(Gemündener Straße)*

Simon Kadden wurde am 27.11.1853 geboren. Er war vermutlich der Ehemann von Dina Abt und von Beruf Händler. Am 29.12.1932 verstarb er in Wohra.

Dina Kadden, geborene Abt, wurde am 14.4.1872 in Niederaula geboren. Sie zog am 10.9.1938 nach Frankfurt.

Lasser Kadden wurde am 10.12.1891 als Sohn von Dina und Simon geboren. Er ist am 21.4.1925 in Wohra gestorben.

Theo Kadden war ein Sohn von Dina und Simon. Er ist vor 1936 von Wohra weggezogen und dann ausgewandert.

Max Kadden war ein Sohn von Dina und Simon. Er ist vor 1936 weggezogen und nach Palästina ausgewandert.

Selma Kadden war eine Tochter von Dina und Simon. Sie zog vor 1936 von Wohra weg und wanderte nach Argentinien aus.

Flora Kadden war eine Tochter von Dina und Simon. Sie ist vor 1936 weggezogen und wurde von unbekanntem Ort deportiert.

Mina Kadden war eine Tochter von Dina und Simon. Vor 1936 zog sie weg und heiratete in Niederaula. Mina Kadden wurde deportiert.

Betty Kadden war eine Tochter von Dina und Simon. Sie ist vor 1936 weggezogen und war in Niederaula verheiratet. Betty Kadden wurde deportiert.

Rosalie Kadden wurde am 13. August 1901 als Tochter von Dina und Simon geboren. Am 10. September 1938 zog sie nach Frankfurt um. Sie wurde deportiert. Ihre Spur verliert sich im Ghetto Lodz. Die Umstände ihrer Ermordung sind nicht bekannt.

Hermann Kadden wurde am 25.9.1904 als Sohn von Dina und Simon geboren. Er war Händler von Beruf. Am 26.8.1938 wanderte er nach Amerika aus.

Rosalie Kadden.
Kennkartenfoto um 1939.

Hermann Kadden.
Paßfoto von 1938.

Familie Kugelmann (Mendels), Haus Nr. 59 *(Gemündener Straße)*

Mendel Kugelmann wurde am 8.11.1854 in Wohra geboren. Er war Ehemann von Berta. Am 23.2.1938 verstarb er in Wohra.

Berta Kugelmann, geborene Stern, wurde am 4.12.1858 in Niederohmen geboren. Sie ist nach dem 1.7.1938 von Wohra weggezogen. Sie wurde am 9.12.1941 deportiert. Nach anderer Quelle ist sie am 23. September 1939 in Frankfurt gestorben.

Herbert Kugelmann wurde am 8.3.1888 in Wohra geboren. Er war der Ehemann von Berta und von Beruf Viehhändler. Am 8.12.1941 wurde er von Wohra ins Ghetto Riga deportiert. Herbert Kugelmann kehrte nicht wieder zurück. Umstände und Ort seiner Ermordung sind nicht bekannt.

Bertha Kugelmann, geborene Kugelmann, wurde am 2.4.1894 in Wohra geboren. Sie wurde am 8.12.1941 von Wohra ins Ghetto Riga deportiert, wo sich ihre Spur verliert. Umstände und Ort ihrer Ermordung sind nicht bekannt.

Berta Kugelmann.
Kennkartenfoto um 1939.

Herbert Kugelmann.
Kennkartenfoto um 1939.

Bertha Kugelmann.
Kennkartenfoto um 1939.

Familie Kugelmann (Saras), Haus Nr. 102 *(Gemündener Straße)*

Joseph Kugelmann wurde am 29.3.1855 in Wohra geboren. Am 24.1.1935 ist er in Wohra gestorben.

Katinka Kugelmann wurde 17. November 1889 in Wohra geboren. Sie war eine Tochter von Joseph. Am 8. Dezember 1941 wurde sie von Wohra ins Ghetto Riga deportiert, wo sich ihre Spur verliert. Umstände und Ort ihrer Ermordung sind nicht bekannt.

Max Kugelmann war ein Sohn von Joseph. Er ist vor 1936 von Wohra weggezogen und wurde später deportiert.

Willy Kugelmann war ein Sohn von Joseph. Vor 1936 zog er von Wohra weg. Er ist in die USA ausgewandert.

Moritz Kugelmann wurde am 27.5.1906 als Sohn von Joseph geboren. Von Beruf war er Kaufmann und handelte mit Stoffen. Er wanderte am 29.12.1936 in die USA aus.

Hermann Kugelmann wurde am 3.1.1892 als Sohn von Joseph in Wohra geboren. Er war mit Ida verheiratet. Von Beruf war er Viehhändler. Die Familie betrieb darüber hinaus einen Laden mit Stoffen, Kurzwaren etc. Am 8.12.1941 deportierte man ihn von Wohra ins Ghetto Riga. Hermann Kugelmann gilt als verschollen. Umstände und Ort seiner Ermordung sind nicht bekannt.

Ida Kugelmann, geborene Kugelmann, wurde am 2.12.1894 in Wohra geboren. Sie wurde am 8.12.1941 von Wohra ins Ghetto Riga deportiert, wo sich ihre Spur verliert.

Katinka Kugelmann.
Kennkartenfoto um 1939.

Hermann Kugelmann.
Kennkartenfoto um 1939.

Umstände und Ort ihrer Ermordung sind nicht bekannt.

Walter Kugelmann wurde am 5.2.1928 in Wohra als Sohn von Ida und Hermann geboren. Am 7.6.1938 zog er nach Frankfurt. Er ist in die USA ausgewandert.

Senta Kugelmann wurde am 25.4.1930 als Tochter von Ida und Hermann in Wohra geboren. Sie wurde mit ihren Eltern am 8.12.1941 von Wohra ins Ghetto Riga deportiert.

Marli Kugelmann wurde am 23.11.1933 in Wohra als Tochter von Ida und Hermann geboren. Am 8.12.1941 deportierte man sie wie ihre Eltern von Wohra ins Ghetto Riga, wo sich ihre Spur verliert. Umstände und Ort ihrer Ermordung sind nicht bekannt.

Ida Kugelmann.
Kennkartenfoto um 1939.

Familie Kugelmann (Meiersch), Haus Nr. 39 *(Gemündener Straße)*

Isaak Kugelmann I wurde am 22.9.1860 in Wohra geboren. Er war der Ehemann von Franziska Marx und von Beruf Viehhändler. 1940/41 zog er nach Frankfurt ins jüdische Altersheim. Von dort wurde er am 18.8.1942 ins Ghetto Theresienstadt deportiert. Isaak Kugelmann gilt als verschollen. Die Umstände seiner Ermordung sind nicht bekannt.

Franziska Kugelmann, geborene Marx, wurde am 23.12.1868 in Grüsen/Kreis Frankenberg geboren. Am 6.2.1939 zog sie nach Frankfurt. Von dort wurde sie deportiert. Franziska Kugelmanns Spur verliert sich in Minsk. Die Umstände ihrer Ermordung sind nicht bekannt.

Isaak Kugelmann I.
Kennkartenfoto um 1939.

Franziska Kugelmann.
Kennkartenfoto um 1939.

Alfred Kugelmann.
Kennkartenfoto um 1939.

Alfred Kugelmann wurde am 15.10.1893 in Wohra als Sohn von Franziska und Isaak geboren. Von Beruf war er Metzger und Viehhändler. Am 1.12.1939 zog er nach Frankfurt, von wo aus man ihn ins Ghetto Riga deportierte, wo sich seine Spur verliert. Umstände und Ort seiner Ermordung sind nicht bekannt.

Max Kugelmann wurde am 8.8.1901 als Sohn von Franziska und Isaak in Wohra geboren. Er war der Ehemann von Blanka Bär. Vor 1936 zog er von Wohra weg. Am 13.10.1939 wurde er in die Landesheilanstalt in Gießen verbracht. Von dort wurde er am 1.10.1940 in eine der Gasmordanstalten der 'Euthanasie' deportiert. Max Kugelmann ist umgekommen. Als Todesdatum wurde der 17.3.1941, als Todesort die fingierte Heilanstalt Cholm/Lublin angegeben.

Max Kugelmann.
Kennkartenfoto um 1939.

Blanka Kugelmann, geborene Bär, wurde am 10.1.1896 in Griedel/Kreis Friedberg geboren. Sie ist 1937/38 nach Wohra zugezogen, das sie 1939 wieder verließ. Von Frankfurt aus wurde sie deportiert. Blanka Kugelmanns Spur verliert sich im Ghetto Lodz. Die Umstände ihrer Ermordung sind nicht bekannt.

Marion Malwina Kugelmann wurde am 6.3.1927 in Griedel/Kreis Friedberg als Tochter von Blanka und Max geboren. Sie lebte 1939 in Frankfurt. Von dort wurde sie deportiert. Marion Kugelmann ist im Ghetto Lodz verschollen. Die Umstände ihrer Ermordung sind nicht bekannt.

Joseph Kugelmann wurde am 12.9.1902 als Sohn von Franziska und Isaak in Wohra geboren. Er zog vor 1936 weg. 1939 lebte er in Schmalkalden. Joseph Kugelmann ist mit Frau und seiner Tochter umgekommen.

Lina Kugelmann war eine Tochter von Franziska und Isaak. Sie heiratete nach Zwesten und ist vor 1936 weggezogen. Sie ist nach Kolumbien ausgewandert.

Katinka Kugelmann wurde am 14. August 1892(?) als Tochter von Franziska und Isaak geboren. Vermutlich war sie mit einem Blumenthal in Niederwaldstadt verheiratet und zog vor 1936 weg. Sie wanderte in die USA aus.

Blanka Kugelmann.
Kennkartenfoto um 1939.

Marion Malwina Kugelmann.
Kennkartenfoto um 1939.

Familie Kugelmann (Wolfs), Haus Nr. 61/62 *(Gemündener Straße)*

Isaak Kugelmann II wurde am 15.12.1886 in Wohra geboren. Er war der Ehemann von Else Katz. Er handelte mit Vieh und Kolonialwaren. Am 8.12.1941 wurde Isaak Kugelmann von Wohra ins Ghetto Riga deportiert. Er ist umgekommen.

Else Kugelmann, geborene Katz, wurde am 6.10.1894 in Bobenhausen/Kreis Schotten geboren. Am 8.12.1941 wurde sie von Wohra ins Ghetto Riga deportiert, wo sich ihre Spur verliert. Umstände und Ort ihrer Ermordung sind nicht bekannt.

Isaak Kugelmann II.
Kennkartenfoto um 1939.

Else Kugelmann.
Kennkartenfoto um 1939.

Rita Kugelmann wurde am 6.2.1922 als Tochter von Else und Isaak geboren. Sie ist am 7.4.1938 in die USA ausgewandert.

Martin Kugelmann wurde am 12.7.1924 in Wohra als Sohn von Else und Isaak geboren. 1941 war er auf dem Haschara-Umschulungsgut Neuendorf. Am 8.12.1941 wurde Martin Kugelmann von Wohra ins Ghetto Riga deportiert. Umstände und Ort seiner Ermordung sind nicht bekannt.

Hilde Kugelmann wurde am 3.3.1928 als Tochter von Else und Isaak in Wohra geboren. Sie wurde am 8.12.1941 von Wohra ins Ghetto Riga deportiert, wo sich ihre Spur verliert. Die Umstände ihrer Ermordung sind nicht bekannt.

Martin Kugelmann.
Kennkartenfoto um 1939.

Hilde Kugelmann.
Kennkartenfoto um 1939.

Nachwort

Wer die Fotos betrachtet, die in diesem Buch publiziert sind, wird sich des Eindrucks nicht erwehren können, daß von ihnen in den meisten Fällen eine düstere Angespanntheit ausgeht. Es gibt kaum lächelnde Gesichter, sie sind von Angst, Sorge und Erschöpfung gekennzeichnet.

Der Grund für diese erschütternde Einheitlichkeit ist die zeitgeschichtliche Situation, in der fast alle der Fotos entstanden: Zum 1. Januar 1939 wurde Kennkartenpflicht für die jüdische Bevölkerung eingeführt, und die benötigten Paßfotos datieren daher fast alle um diesen Zeitpunkt. Die Verfolgung der Juden hatte bereits ein erschreckendes Ausmaß angenommen, und die Fotodokumente, die Männer darstellen, belegen dies in vielen Fällen besonders kraß: Nach dem Pogrom im November 1938 waren die meisten von ihnen verhaftet und in das Konzentrationslager Buchenwald verbracht worden. Kurz nach ihrer Entlassung - bei manchem erkennt man noch den kahlgeschorenen Kopf - wurden von ihnen die Aufnahmen für die neuen Ausweise gemacht. Die beiden Fotos von Aron Adolf Kadden, das eine von 1938, das andere nach der Haftentlassung aus Buchenwald, machen deutlich, was er durchlitten haben muß.

Wenn hier die Fotografien von Menschen in zum Teil entwürdigenden Situationen gezeigt werden, so gibt es dafür eine Reihe von wichtigen Gründen.

Der wichtigste ist der, daß die Überlebenden der Verfolgung und deren Angehörige, mit denen wir Kontakt aufnehmen konnten, nicht nur einverstanden waren

Carola Wertheim aus Kirchhain.
Das Kennkartenfoto, das wahrscheinlich 1941 entstand, zeigt sie im Mantel mit Judenstern.

mit der Publikation, sondern sie sogar teilweise dringlich forderten. Das Gebot, den Opfern des Faschismus ihre Namen und ihre Gesichter wiederzugeben, wiegt schwer und macht die Publikation ihrer einzig noch erhaltenen Bilddokumente zu einer - nicht nur zeitgeschichtlichen - Verpflichtung. Die hier vorgelegte Dokumentation zeigt Ortseinwohner, Familienmit-

Aron Adolf Kadden aus Wohra im Jahre 1938.

Und Anfang 1939.

glieder, Berufstätige, und bewahrt ihre Würde auch dann noch, wenn sie Opfer sind, wenn Fotos zeigen, was den Menschen schon vor den Deportationen angetan worden ist.

Bei der Wiedergabe der Bilder ging es ausschließlich um die Gesichter. Da es sich fast immer um kleine Ausweisfotos handelt, bei denen Brustbilder bevorzugt werden, sind in den meisten Fällen Ausschnittsvergrößerungen abgebildet. Dabei ist nicht retuschiert, nicht geschönt worden - dies wäre schon aus Kostengründen nicht möglich gewesen; die zeitgeschichtlichen Spuren sollten - wenn sie in der Form von Stempelabdrücken mit nationalsozialistischen Emblemen selbst noch auf den Ge-

sichtern erkennbar blieben - erhalten bleiben, es sollten nicht Dokumente aus der Hand eines Bearbeiters entstehen.

Das Material, das hier als Kurzbiographien und Bilder vorgelegt wird, ist nach unserem Kenntnisstand das gesamte, das heute noch in öffentlichen Einrichtungen zugänglich ist. Viele Erkenntnisse ergaben sich durch Kontakte mit Überlebenden, mit Angehörigen von Überlebenden und anderen Zeitzeugen. Das Buch hätte seinen Sinn erfüllt, wenn es weitere Zeitzeugen anregen würde, uns mit Informationen und Dokumenten zu helfen, das vom Nationalsozialismus Zerstörte der Vergessenheit zu entreißen.

Quellen- und Literaturverzeichnis

Originalquellen

Staatsarchiv Marburg (StAM), Best. 165 Regierungspräsident Kassel.

StAM, Best. 180 Landratsamt Marburg.

StAM, Best. 330 C Stadt Kirchhain.

StAM, Best. 330 C Stadt Marburg.

StAM, Best. 330 C Stadt Neustadt.

Hessisches Hauptstaatsarchiv Wiesbaden, Best. 519, Finanzamt Marburg, Liegenschaftsstelle.

Regierungspräsident Darmstadt, Entschädigungsbehörde in Wiesbaden, Regierungspräsident Kassel.

Friedhofsverzeichnisse im Zusammenhang mit der Dokumentation der jüdischen Friedhöfe im Landkreis Marburg-Biedenkopf.

Auskünfte verschiedener Standesämter.

Zeitungsartikel aus: Hessisches Tageblatt; Oberhessische Zeitung; Der Sturm; Hessische Volkswacht; Kurhessische Landeszeitung; Jüdische Wochenzeitung für Cassel, Kurhessen und Waldeck.

Adreßbücher der Stadt Marburg.

Publikationen

Adler, Hans Günther: Theresienstadt, 1941-1945. Antlitz einer Zwangsgemeinschaft, Tübingen 1955.

Arnsberg, Paul: Die jüdischen Gemeinden in Hessen, 2 Bände, Frankfurt 1971; Band 3, Bilder und Dokumente, Darmstadt 1973 .

Diamant, Adolf (Hrsg.): Deportationsbuch der aus Frankfurt am Main gewaltsam verschickten Juden in den Jahren 1941-1944, Frankfurt/Main 1984 .

Führer durch die jüdische Gemeindeverwaltung und Wohlfahrtspflege in Deutschland 1932-33, hrsg. von der Zentralwohlfahrtsstelle der deutschen Juden, o.O., o.J..

Gedenkbuch für die jüdischen Einwohner unter der Herrschaft des Nationalsozialismus im heutigen Gebiet der Bundesrepublik Deutschland und in Berlin, Koblenz 1986.

Händler-Lachmann, Barbara/Werther, Thomas: Vergessene Geschäfte - Verlorene Geschichte. Jüdische Wirtschaftsleben in Marburg und seine Vernichtung im Nationalsozialismus, Marburg 1992.

Händler-Lachmann, Barbara/Schütt, Ulrich: "Ich seh se heute noch, wie se da ruff machten." Die Geschichte der jüdischen Familie Ransenberg, in: Landkreis Marburg-Biedenkopf, der Kreisausschuß (Hrsg.): Jahrbuch 1991, S.111-123.

Händler-Lachmann, Barbara/Schütt, Ulrich: "Während der letzten Jahre dort war ich gezwungen, mit meinem Bruder allein zu sitzen." Jüdische Schüler im Landkreis, in: Landkreis Marburg-Biedenkopf, der Kreisausschuß (Hrsg.): Jahrbuch 1992, S. 49-60.

Hilberg, Raul: Die Vernichtung der europäischen Juden, 3 Bde., Taschenbuchausgabe, Frankfurt 1990.

Klewitz, Bernd: Kirchhain - Alltag im Dritten Reich, Marburg 1990 .

Knauß, Erwin: Die jüdische Bevölkerung Gießens 1933-1945. Eine Dokumentation. Schriften der Kommission für die Geschichte der Juden in Hessen 3, Wiesbaden 1987.

Krause, Helmut: Herkunft und Zukunft der Schüler jüdischer Konfession 1902-1936, in: Martin-Luther-Schule 1838-1988. Eine Dokumentation, Marburg 1988.

Krause, Helmut: Unveröffentlichte Liste jüdischer Schüler der Martin-Luther-Schule.

Kolb, Stefan: Die Geschichte der Bad Nauheimer Juden. Eine gescheiterte Assimilation, Bad Nauheim 1987.

Kogon, Eugen: Der SS-Staat. Das System der deutschen Konzentrationslager, München 1974.

Kosog, Herbert: Die Juden von Roth, in: Heimatwelt. Aus Vergangenheit und Gegenwart unserer Gemeinde. Herausgegeben von der Gemeindeverwaltung Weimar, Heft 5, Weimar 1979, S. 11-21.

Kropat, Wolf-Arno: Kristallnacht in Hessen: Der Judenpogrom vom November 1938. Eine Dokumentation. Schriften der Kommission für die Geschichte der Juden in Hessen 10, Wiesbaden 1988.

Löwenstein, Uta: Quellen zur Geschichte der Juden im Hessischen Staatsarchiv Marburg 1267-1600, Band 1-3, bearbeitet von Uta Löwenstein, hrsg. von der Kommission für die Geschichte der Juden in Hessen, Wiesbaden 1989.

Marsalek, Józef: Majdanek. Konzentrationslager Lublin, Warszawa 1984.

Namen und Schicksale der Juden Kassels 1933-1945. Ein Gedenkbuch, hrsg. vom Magistrat der Stadt Kassel, bearbeitet von Beate Kleinert und Wolfgang Prinz, Kassel 1986.

Noam, Ernst/Kropat, Wolf-Arno (Hrsg.): Juden vor Gericht 1933-1945. Dokumente aus hessischen Justizakten. Schriften der Kommission für die Geschichte der Juden in Hessen 1, Wiesbaden 1986.

Prinz, Wolfgang: Die Judenverfolgung in Kassel, in: Volksgemeinschaft - Volksfeinde. Kassel 1933-1945, Band 2, Teildruck, Fuldabrück 1987, S.144-222

Rehme, Günther/Haase, Konstantin: "... mit Rumpf und Stumpf ausrotten..." Zur Geschichte der Juden in Marburg und Umgebung nach 1933. Marburger Stadtschriften zur Geschichte und Kultur 6, Marburg 1982.

Roth, Herbert: The Jews of Roth (unveröffentlichtes Manuskript, übersetzt von Annegret Wenz).

Schlag, Jakob: Meine Erinnerungen an das 'Tausendjährige Reich' und an die Juden in Lohra, Selbstverlag, Lohra 1991.

Schneider, Alfred: Vor 50 Jahren: Die sog. "Reichskristallnacht" vom 8./9. November 1938 - und was damals geschah -, in: Amöneburger Blätter 4/1988 .

Schneider, Alfred: Rüdigheim. Chronik eines oberhessischen Dorfes, Amöneburg 1989.

Schubert, Kurt: Juden in Kirchhain. Geschichte der Gemeinde und ihres Friedhofes. Schriften der Kommission für die Geschichte der Juden in Hessen 9, Wiesbaden 1987.

Sieburg, Dankward: Synagoge und Schule zu Neustadt, in: Landkreis Marburg-Biedenkopf, der Kreisausschuß (Hrsg.): Jahrbuch 1989, S.85-170.

Stern, Heinemann: Warum hassen sie uns eigentlich? Jüdisches Leben zwischen den Kriegen. Erinnerungen, herausgegeben und kommentiert von Hans Ch. Meyer, Düsseldorf 1970.

Weinmann, Martin (Hrsg.): Das nationalsozialistische Lagersystem (CCP), Frankfurt 1990.

Westphal, Gudrun: Verzeichnis der jüdischen Schülerinnen der ehemaligen Höheren Töchterschule 1878 bis 1938, in: Experiment. Zeitung der Elisabethschule, Sonderheft Marburg November 1990.

Hessen wie es im Buch steht
bei HITZEROTH

Barbara Händler-Lachmann/Thomas Werther
Vergessene Geschäfte
verlorene Geschichte

Jüdisches Wirtschaftsleben in Marburg und seine Vernichtung im Nationalsozialismus

297 Seiten. 176 Fotos und Abbildungen. Kartoniert. DM 48,-

ISBN 3-89398-077-6

Die jüdische Beteiligung am Wirtschaftsleben der Stadt Marburg geht bis in das Mittelalter zurück. Sie endet nach dem Pogrom 1938 mit der »Ausschaltung der Juden aus dem deutschen Wirtschaftsleben«, als jede selbstbestimmte Wirtschaftstätigkeit für Juden in Deutschland aufhörte.

Am Beispiel Marburgs wird die Geschichte des jüdischen Erwerbslebens nachgezeichnet. Die meisten der jüdischen Familien Marburgs hatten Gewerbebetriebe, insbesondere Einzelhandelsgeschäfte. Diese waren über die ganze Stadt verteilt. Eine Assimilation, wie in den Großstädten, hatte so gut wie nicht stattgefunden. Vor dem Hintergrund der politischen Entwicklung von 1933 bis zum 6. September 1942, als die letzten Marburger Juden nach Theresienstadt deportiert wurden, werden die einzelnen Lebenswege dieser Bevölkerungsgruppe und das Schicksal ihrer Geschäfte und Unternehmungen detailliert dokumentiert. Das Beispiel der Pogrome von 1938 zeigt aber auch, daß deren Funktion nicht generell die »Ausschaltung der Juden aus dem deutschen Wirtschaftsleben« gewesen sein kann; die jüdischen Geschäfte in Marburg waren bereits zu diesem Zeitpunkt zum größten Teil »arisiert« oder »liquidiert«.

Hans Günther Bickert/Norbert Nail
Marburger Karzer-Buch

15 Kapitel zum Universitätsgefängnis und zum historischen Studententum

111 Seiten. 33 Fotos, davon 25 in Farbe. Gebunden. DM 24,80

ISBN 3-89398-005-9

Dieses Buch über den ehemaligen Marburger Karzer ruft ein fast vergessenes Stück studentischer Kulturgeschichte und zugleich einen Abschnitt Marburger Universitätsgeschichte in Erinnerung. Um die vielen Gemälde, Zeichen, Verse und Sprüche, die ehemalige Karzer-Insassen an den Wänden des Universitätsgefängnisses hinterlassen haben, ranken sich in 15 Kapiteln »Geschichten« und Texte zum akademischen Gefängnis und zum studentischen Leben vom 18. bis zum 19. Jahrhundert.

Park und Schloß Rauischholzhausen

Herausgegeben von Uwe Rüdenburg

Mit Beiträgen von Ulrike Fezer-Modrow, Jutta Schuchardt und Cornelia Jöchner. Fotos von Uwe Rüdenburg
132 Seiten. 99 Abbildungen, davon 73 ganzseitig. Gebunden. DM 48,-
ISBN 3-89398-058-X

Zu den beliebtesten Sehenswürdigkeiten und Ausflugszielen im mittelhessischen Raum gehören der Park und das Schloß Rauischholzhausen im Ebsdorfergrund bei Marburg. Der Textbildband würdigt nun erstmals umfassend dieses bedeutende Kulturdenkmal. In zahlreichen Fotografien läßt Uwe Rüdenburg ein Bild des Parks entstehen, das dessen gartenkünstlerische Qualitäten im Lauf der Jahreszeiten deutlich macht. Die Texte zeigen die Entstehungsgeschichte des Parks und des Schlosses auf und stellen den Zusammenhang mit der Kulturgeschichte des 19. Jahrhunderts im allgemeinen und der Gartenkunst im besonderen her. Die Darstellung wird ergänzt durch Text- und Bilddokumente, die bis in die Entstehungszeit von Park und Schloß zurückreichen und die überwiegend zum ersten Mal veröffentlicht werden.

Mittelhessen
Aus Vergangenheit und Gegenwart

Herausgegeben vom Regierungspräsidium Gießen in Verbindung mit der Historischen Kommission für Hessen
300 Seiten. Zahlreiche, teils farbige Abbildungen und Karten. Leinen mit Schutzumschlag. DM 39,-
ISBN 3-89398-066-0

Vorgestellt wird in Wort und Bild eine lebendige, vielseitige Region im Herzen der Bundesrepublik, der in Form des Regierungsbezirkes Gießen erst 1981 eine politische Einheit verliehen worden ist. Sechs namhafte Autoren aus Mittelhessen beschreiben, was diese Region ausmacht, was sie verbunden hat und verbindet, getrennt hat und vielleicht heute noch trennt.

In Vorbereitung
Jürgen Weishaupt
Fachwerkbuntes Hessen

253 Seiten. 133 Abbildungen, davon 34 in Farbe. Gebunden.
ISBN 3-89398-094-6

Jürgen Weishaupt stellt in Wort und Bild die schönsten und historisch bedeutendsten Fachwerkbauten und -ensembles Hessens vor. Seine detailgenaue Beschreibung der Bauten bereichert der Autor um zahlreiche interessante, oft amüsante Geschichten und zeigt dem Leser und Betrachter so ein buntes Panorama einer einzigartigen Baulandschaft. Das informative Lese- und Bilderbuch will vor allem eins: Freude wecken an der Schönheit und Vielfalt des fachwerkbunten Hessen.

Uwe Henkhaus

Das Treibhaus der Unsittlichkeit

Lieder, Bilder und Geschichte(n) aus der hessischen Spinnstube

240 Seiten. 64 Abbildungen, davon 7 in Farbe. 51 Lieder mit Noten. Gebunden. DM 39,-
ISBN 3-89398-075-X

Jeder kennt das Sprichwort »Spinnen am Morgen, bringt Kummer und Sorgen, spinnen am Abend, erfrischend und labend«. Uwe Henkhaus macht nachvollziehbar, warum das abendliche Spinnen so positiv gesehen wird – aber nur von den Teilnehmern an den Gesellschaften, nicht dagegen von den Behörden und anderen Sittenwächtern, denen die Spinnstuben »Treibhäuser der Unsittlichkeit« waren. Die Spinnstube diente nicht nur dem Broterwerb, sie erfüllte für die dörfliche Gesellschaft viele andere Funktionen: sie war Nachrichtenbörse und kritisches Forum, der Ort für jugendliche Sexualkultur, an dem Ehen »angesponnen« werden konnten, und für feuchtfröhliche Ausgelassenheit. Das bunte Bild dieser Geselligkeiten veranschaulichen auch zahlreiche Abbildungen und mehr als 50 von Henkhaus zusammengestellte Spinnstubenlieder: Volks- und Kinderlieder, erotische Lieder, Scherz- und Spottlieder sowie Schlager. Das Buch gibt Zeugnis von einer sehr lebendigen dörflichen Kultur, die zumindest in der Spinnstube verstanden hat, Arbeit und Leben zu versöhnen.

Gerd Bauer

Geheimnisvolles Hessen

Fakten, Sagen und Magie

275 Seiten. 77 Abbildungen, davon 16 in Farbe. 2 Übersichtskarten. Gebunden. DM 39,-
ISBN 3-89398-095-4

Hessen steckt voller Geheimnisse. Gerd Bauers »Handbuch des Denk- und Merkwürdigen« ist eine Einladung, auf Entdeckungsreise zu gehen und Hessen von einer anderen, der geheimnisvollen Seite her kennenzulernen. Vorgestellt und erläutert werden Sagen und Mythen, Anekdoten und Geschichten, lebendige und vergessene Bräuche sowie viel Wissenswertes aus Vorzeit und Frühgeschichte. Der Autor erzählt mit geschärftem Blick für Kurioses und Skurriles. »Geheimnisvolles Hessen« ist also weder Reiseführer noch Sagenbuch, kein Geschichtsbuch und kein archäologisches Sachbuch – es hat von allem etwas und bleibt für jedermann verständlich. Es regt an, weiterzulesen und sich mit dem Buch in der Hand auf den Weg zu machen, um Hessen aus neuen Blickwinkeln zu erkunden.

HITZEROTH

Franz-Tuczek-Weg 1 • 3550 Marburg